LIDERA TU EMPRESA EN LA CUARTA REVOLUCIÓN

¡Sácale partido a la
transformación digital!

ExLibric

JUANMA ROMERO | JESÚS ROMERO NIEVA

LIDERA TU EMPRESA EN LA CUARTA REVOLUCIÓN

¡Sácale partido a la transformación digital!

EXLIBRIC
ANTEQUERA 2019

JUANMA ROMERO | JESÚS ROMERO NIEVA

LIDERA TU EMPRESA EN LA CUARTA REVOLUCIÓN

¡Sácale partido a la transformación digital!

Índice

Prólogo

Héroes cotidianos

La inteligencia no es solo patrimonio de los humanos. Así lo hemos creído a lo largo de la historia, sintiéndonos superiores en virtud de los grandes logros que la arquitectura, el arte o la ingeniería han dejado para la posteridad. Sin embargo, nadie duda de la inteligencia de los cetáceos (o de la de los cánidos) o de que los impresionantes ardides con que otros seres cazan a sus presas o conquistan a sus parejas son también expresiones de alguna forma de inteligencia.

Para otros la supuesta superioridad humana ha estado ligada a su presunta espiritualidad, incluso haciendo negación de todo aquello que nos remacha como seres de la naturaleza: los «bajos instintos». Pero en realidad no somos para tanto. «Solo soy un mono y tengo miedo», decía el protagonista de la película *Alabama Monroe*, en un alarde de claridad y sencillez.

Pero lo cierto es que, siendo lo que somos, como especie hemos sobresalido gracias a logros incomparablemente superiores a los de cualquier otro ser. Tanto en el plano de la creación artística como en el del pensamiento, la ciencia o la tecnología, los humanos hemos llegado hasta más allá de lo que hubiera creído cualquiera que hubiese observado a una manada de protohumanos en la sabana africana hace unas pocas decenas de miles de años.

¿Qué nos ha convertido en lo que somos? ¿De dónde ha salido esta inconmensurable capacidad de transformación? ¿Cómo hemos podido pasar de la ignorancia más absoluta al conocimiento universal e ilimitado? Y lo que es más: ¿qué ha hecho posible que nos sintamos con las capacidades para conocer y descifrar cualquier cosa que ignoremos, solo a falta de contar con el tiempo para estudiarlo en profundidad y desvelar sus secretos; secretos que podemos desconocer, pero que —a nuestros ojos— son cognoscibles?

La humanidad ha alcanzado el punto en el que se cree capaz de convertir en realidad casi cualquier cosa que imagine. Podemos concebir lo que «aún» no existe, pero nos cuesta mucho más dar con lo que nunca será. Esto no sucedía hace muy pocos años, cuando la ciencia ficción alimentaba la imaginación con mundos, realidades y artefactos que simplemente no podían ser fuera de la literatura o el cine. Hoy, en cambio, muchas de aquellas invenciones forman parte de nuestra cotidianeidad y otras son proyectos (en algunos casos avanzados) que muestran el estrechamiento de la distancia entre imaginación y realidad: los viajes espaciales ya están camino de Marte, donde se prevén asentamientos humanos estables para un futuro próximo (proyecto Mars One); la teletransportación de partículas ya ha dado resultado en la Universidad de Shanghái; la manipulación de la vida para modificar genomas completos está a la orden del día (tecnología CRISPR); la Universidad Technion de Israel ha desarrollado robots microelectrónico-mecánicos que circulan por el torrente sanguíneo de un cuerpo para identificar posibles causas de enfermedad antes de que se manifiesten exteriormente; máquinas replicantes que se «reproducen» por sí solas (Universidad de Bath); levitación por campos sonoros (Universidad de Tokio); visión curva (Media Lab); etc.

El cerebro humano es un órgano del Pleistoceno —asegura el escritor Guy P. Harrison—, un periodo que se remonta desde hace casi dos millones de años hasta hace unos 11.000 años. Así, por increíble que parezca, estamos mejor adaptados a una forma de vida que ya no existe que a la que actualmente vivimos, rodeados de una tecnología omnipresente y a velocidad vertiginosa.

¿Cómo hemos llegado tan lejos? Por mucho que pueda sorprendernos, no ha sido gracias a la inteligencia, aunque haya tenido su papel. El desencadenante fundamental ha sido la imaginación. Esta, combinada con una capacidad incomparable para propiciar colaboraciones complejas y a gran escala, nos ha llevado desde las planicies africanas al resto del mundo; desde el suelo firme a los océanos; desde la Tierra al espacio. Y no es que el resto de animales no puedan imaginar, como creen muchos: cuando un predador se agazapa a la entrada de la madriguera de su presa esperando a que aparezca, en su mente visualiza algo que aún no ha sucedido y que muy bien puede asimilarse al fenómeno de imaginar. La diferencia está en que, hasta donde sabemos, solo los humanos podemos imaginar cosas que aún no hemos vivido, de las que no tenemos ninguna experiencia previa, sobre las que no contamos con ningún antecedente en el que apoyarnos para proyectar un futuro posible.

Cristóbal Colón no se embarcó en su expedición porque hubiera vivido anteriormente el resultado al que aspiraba, como Elcano y Magallanes solo imaginaban la redondez de la Tierra; de hecho, su viaje fue la primera corroboración empírica de lo que hasta entonces era solo una hipótesis. Y con su hazaña, además de la esfericidad del planeta, demostraron que todos sus océanos están conectados, así que desde cualquier lugar pueden alcanzarse todos los demás sin ninguna interrupción, haciendo posible la circulación de mercancías, personas, capitales, ideas, religiones, costumbres, creencias y conocimientos. Fue, para el siglo XVI, lo que hoy es Internet para todos nosotros.

Imaginando nos hemos acercado al abismo de la ignorancia y nos hemos quedado atrapados en un vórtice de atracción inevitable, donde la distancia entre idea y realidad es cada vez más corta. Unos se han aproximado desde el puente de mando de un navío de la Edad Moderna; otros, desde el laboratorio de investigación avanzada donde se combinan genes de medusa fluorescente con los de conejo para que su piel tenga efecto luminiscente en la oscuridad. El abismo es el mismo. La pulsión imaginativa, la misma. El reto, el mismo. El destino, similar.

Estos son héroes intelectuales. Los héroes de guerra se juegan la vida en un campo de batalla; los otros dedican la suya a la búsqueda de evidencias que respalden sus teorías y consoliden conocimientos nuevos con los que el saber humano continúe su expansión. La historia se ha encargado de registrar el legado de unos y otros, ya sea medido en hazañas o en descubrimientos e invenciones. Pero creo que se hace poca justicia a esos otros héroes, que me gusta denominar «cotidianos» y que hacen posible la vida contemporánea. Me refiero a esa gente que madruga, que trabaja con tesón, que soporta las adversidades, asume la escasez y, antes de acostarse, estudia a distancia o se matricula en un máster para mantenerse competente en un mundo exponencialmente precipitado hacia el futuro. Son los que sustentan calladamente las noticias sobre asunción de recortes, superación de crisis, crecimiento económico o mejora del empleo. La ambición de estos héroes de lo cotidiano también se apoya en la imaginación, una imaginación optimista que vislumbra un futuro mejor que el presente, solo separados por una travesía de trabajo y esfuerzo.

Esa es la clase a la que pertenece Juanma Romero: un trabajador incansable, de imaginación desbordante, tesón insuperable y fuerza humana sin límite. Recuerdo los años en que se levantaba el Pirulí (TVE en Torrespaña). Juanma y yo lo veíamos cada mañana, delante del sol que amanecía cuando íbamos a la radio; éramos de esos alumnos universitarios que reemplazaban las clases por la redacción en el medio que había infectado nuestra imaginación desde la infancia. Juanma madrugaba aún más que yo con un solo propósito: recogerme y hacer juntos el viaje hasta Alcobendas, donde nos esperaban los micrófonos, cuya atracción en nosotros resultaba inexplicable. Así fui testigo de los primeros pasos de Juanma en los medios y compartí sus ambiciones cuando, enfebrecidos por la juventud impetuosa, de la que aún no estamos plenamente restablecidos, fantaseábamos (otra vez la imaginación) con trabajar algún día en la torre de la tele. No habían pasado más que unos pocos años cuando los dos estábamos en el despacho de Juan Rodríguez, entonces director del centro territorial de TVE en Madrid, proponiéndole hacer un programa. Ese fue el comienzo de la carrera televisiva de Juanma, que, desde los primeros pasos de la mano de nuestro gran amigo y siempre maestro Julio César Fernández, lleva un recorrido de casi cuarenta años en el medio.

En estas cuatro décadas de trabajo y de vida ha habido de todo, pero da igual cuántas veces se haya caído: Juanma siempre termina de pie. Por eso ahora dirige uno de los programas más reconocidos y galardonados de la televisión de nuestro país, en el que ha sabido ser más director de orquesta que solista, rodearse de equipo y liderarlo en esta época en la que, como diría Heráclito, «todo cambia, nada es». Así, con los mejores, es testigo del cambio que la revolución digital está imponiendo en las organizaciones y, por ello, en el empleo y, por ello, en la educación y, por ello, en las familias, y así en una cadena interminable que pone de actualidad a Da Vinci, cuando señaló que una época de cambios no es lo mismo que un cambio de época.

En esta nueva época de imaginación omnipresente lo verdaderamente difícil no es encontrar la información, sino discriminar la útil de la superflua, distinguir la verdad de la posverdad o, para entendernos, la verdad de la mentira. Ahora no son las *news* quienes levantan escándalos, sino las *fake news* las que cada día dibujan un paisaje espeso de falsedades que, por densidad, engendra crédulos. Quizá por eso sea preferible la verosimilitud (con su ligereza) a lo verdadero (con su intensidad).

Por eso, libros como *Lidera tu empresa en la Cuarta Revolución* se hacen necesarios; no porque definan el camino, sino porque, como los atlas, describen el territorio. Y lo hacen al estilo Juanma, sin solistas, en equipo, de la mano de los especialistas, que reflexionan sobre la revolución digital, el fenómeno de la transformación en las empresas, las nuevas prácticas profesionales y el impacto de herramientas (hace poco impensables) que se han convertido en material indispensable para sobrevivir en nuestros días. Con ello, el lector no se va a tropezar con una visión complaciente e ingenua de la realidad ni con distopías tecnológicas que nuevamente enfrenten a «luditas» con utópicos. En sus páginas se describe el mundo de hoy y la interpretación queda en manos del lector para que sea él quien decida si las nuevas prácticas nos abocan a una realidad mejor o peor de la conocida. Pero ese debate, apasionante y enriquecedor, no deja de tener el carácter especulativo que cada cual quiera darle. La función del libro es mucho más sencilla: mejor tener cuestiones que no se pueden responder que respuestas que no se pueden cuestionar.

Este permanente cuestionamiento espolea a la imaginación y esta mantiene a la mente humana en permanente centrifugado: dando vueltas y más vueltas, formulando preguntas, buscando respuestas, a veces encontrándolas y la mayoría sin llegar a acertar, pero siempre con una clara tendencia centrífuga, de expansión, con aceleración angular, expandiendo su alcance en una pulsión inexplicable. Esta aceleración nos ha embriagado y nunca la resaca ha sido la que termine con la fiesta. Mañana veremos…

Este libro, que Juanma Romero escribe con su hijo Jesús (que de tal palo, tal astilla…), me llena de orgullo porque la inquietud de su mente es el secreto de su eterna juventud mental. Siempre fue así y los años no le han atemperado. Por eso ahora evoco aquellos momentos que hicieron que dos conocidos se hicieran compañeros, que los compañeros fueran amigos y que los amigos se sientan hermanos. Este milagro de la amistad me ha intrigado siempre y ha sido Guillermo Altares quien muy bien lo ha descrito en su reciente columna de prensa:

«El misterio de la amistad no es muy diferente al del amor: nunca sabremos por qué, pero lo reconocemos fácilmente cuando pasa. No es solamente una cuestión de afinidades o de cercanía o de gustos compartidos; es algo diferente, que tiene que ver con la complicidad y, tal vez, con un cierto egoísmo bien entendido: tendemos a hacernos amigos de aquellas personas que enriquecen nuestra vida. No se trata de un intercambio, sino de algo que se produce sin que ninguno de los dos sepa muy bien lo que está pasando. Existen amigos con los que compartes secretos y amigos con los que compartes ideas, amigos generosos y amigos un poco pesados, amigos que dejas de ver y amigos que te preguntas por qué sigues viendo. Y solo unos pocos amigos que te transforman la existencia».

Quienes hayan llegado hasta aquí y no deseen que se les transforme la existencia es mejor que detengan ahora su lectura. Pero recuerden que cuando todo cambia solo hay dos alternativas: adaptarse al cambio o permanecer inadaptados. Y la biología se ha encargado de enseñarnos cómo terminan los organismos inadaptados…

VÍCTOR MOLERO. ISDI.
www.linkedin.com/in/victormoleroayala
www.twitter.com/VictorMoleroA

Introducción

Estamos inmersos en plena revolución tecnológica, que ha modificado y seguirá modificando la forma en que vivimos, nos relacionamos y trabajamos. Son unos cambios que no se parecen en nada a cualquier otro experimentado anteriormente por la humanidad. Cuando se descubrió el fuego, esa transformación fue gradual; sin embargo, ahora, con la Cuarta Revolución, la metamorfosis se produce de un día para otro. La velocidad, junto con el impacto en los sistemas y el alcance de estos cambios, no tiene precedentes.

Haciendo un poco de memoria, recordamos que la primera revolución industrial, que supuso la evolución de la producción manual a la producción mecanizada, se produjo entre 1760 y 1840. La segunda ocurría en el periodo entre 1850 y 1870, estuvo marcada por la aparición de la electricidad y supuso que se pasase a la manufactura en masa. Ya a mediados del siglo XX se produjo una tercera revolución con la aparición de la electrónica y las nuevas tecnologías de la información y las comunicaciones. Ahora llega la Cuarta Revolución, que se basa en la automatización de ciertos procesos y en la organización de los diferentes medios de producción con la convergencia tanto de tecnologías digitales como físicas y biológicas. En esta cuarta revolución industrial la tecnología se pone del lado de los trabajadores para conseguir un entorno laboral más seguro, cómodo y versátil para estos.

Esta revolución da paso a lo que denominamos industria 4.0, un término que surgió en Alemania con el objetivo de hacer referencia a la cuarta revolución industrial, en la que estamos inmersos. Supone un salto cualitativo en la organización y gestión de la cadena de valor, donde las relaciones comerciales y productivas conllevan una constante conexión entre cliente, proveedor, distribuidor, logística y fabricante.

Digitalización e industria 4.0 van de la mano, lo que supone la aplicación a escala industrial de sistemas automatizados. Cuatro palancas permiten ilustrar el grado de transformación del que ya estamos siendo testigos: automatización, acceso digital al cliente, conectividad e información digital.

Esta revolución afectará al futuro del empleo, con trabajadores muy bien remunerados y otros que casi no tendrán para vivir. Ahora mismo son los países más avanzados los que se adaptan a esos cambios con mayor rapidez, pero no nos engañemos, porque serán las economías emergentes las que podrán sacar un mayor beneficio a esta situación.

Tanto las economías más avanzadas como las emergentes y el resto se van a encontrar con algo nuevo, unos empleos que ahora mismo no existen en empresas que utilizan tecnologías que ahora mismo desconocemos. Tecnologías que casi no somos capaces ni de imaginar.

Aquí entra en juego otro elemento: el empresario, gestor o dirigente empresarial, que se está dando cuenta de que si no es capaz de adaptarse va a desaparecer. Y los datos, que son esenciales, porque estamos produciendo millones y millones de esos datos, que hay que analizar, gestionar y rentabilizar. El *big data* no es más que una inmensa cantidad de datos inmanejables para los humanos, por lo que no tenemos más remedio que apoyarnos en las máquinas. Estos datos son utilizados por las diferentes organizaciones, según el interés de cada una de ellas. Lo importante no es tanto tenerlos como manejarlos adecuadamente, rentabilizarlos. El *big data* supone, en general, la supresión de la cadena de valor, configurándose como una red de valor donde no existen distintos niveles, como en la actualidad, sino que todos aportan algo sustancial a la red.

PARTE I

En esta parte de *Lidera tu empresa en la Cuarta Revolución* vamos a ver cómo podemos sacarle partido al futuro que nos espera con nuevas oportunidades de empleo, basadas en la formación, para desarrollar la carrera profesional del nuevo trabajador.

Será esencial el papel de la mujer en esta nueva empresa que cambia de concepto y adopta medidas como el teletrabajo o la semana de cuatro días, en una oficina diferente, donde se transforma la cultura empresarial, que pretende humanizar el trabajo, y donde nos encontramos con líderes capaces de afrontar los retos de las profesiones del futuro, utilizando sus diferentes habilidades, tanto las blandas como las duras.

Cómo sacar partido a la revolución digital

¿Están preparados los gobiernos y las empresas para aprovechar todo el potencial de la llamada cuarta revolución industrial? ¿Qué diferencia a esta revolución industrial de las anteriores? Primero, que los cambios son vertiginosos; segundo, que esos cambios vienen provocados por la fusión entre lo físico y lo digital, lo que permite crear empresas digitales, cuya gestión no tiene nada que ver con lo que hemos conocido hasta ahora, empezando por la toma de decisiones, que no puede esperar a mañana. Igual que los planes de desarrollo de las empresas, que antes se hacían a cinco, diez o veinte años vista. Ahora con tener medio claro qué vamos a hacer el año en curso y el siguiente podemos darnos por satisfechos.

El problema surge no por la pregunta de si estamos preparados, sino por la respuesta. Porque la triste realidad es que no estamos preparados, ya que cada día surge algo nuevo. Lo que sí podemos hacer es tener la decisión de afrontar esta revolución, ir sorteando obstáculos e ir aprovechando las oportunidades que se nos presentan, que son muchas. Porque esta revolución no es otra cosa que una oportunidad para aquellos que se suban al tren, que no va a esperar a nadie.

La oportunidad para las empresas se basa en que muchas de ellas tendrán más capacidad de influencia que los propios gobiernos. Claro que esta mayor influencia debe llevar consigo una mayor responsabilidad corporativa. A pesar de las oportunidades que se presentan, el pesimismo está haciendo mella, porque ni siquiera el veinte por ciento de los altos ejecutivos confía en que sus organizaciones estén listas para aprovechar los cambios que está provocando esta revolución industrial.

Lo que también parece claro es que se necesita un cambio de estrategia porque lo que hacíamos hasta ahora ya no nos sirve. Y esta falta de estrategia es, sin duda, el principal de los obstáculos y pasa por renovar la fuerza laboral, que tiene que dominar nuevas habilidades.

Podemos sacar provecho a la nueva situación aprovechando la velocidad, alcance e impacto de los cambios. Cada día que pasa aumenta considerablemente el número de personas conectadas al mundo digital, lo que, a su vez, está acelerando la transición entre ambas épocas, la generada por la tercera revolución industrial y la que se está generando en estos momentos con la cuarta. Si, además, sabemos aprovechar las ventajas del alcance y el impacto de los cambios estaremos en el buen camino.

Esta incierta situación nos enfrenta a nuevos desafíos económicos, sociales y, sobre todo, tecnológicos. Puede ofrecer soluciones a problemas hasta ahora desatendidos por la sociedad y crear otros nuevos. Lo que está claro es que los cambios no van a esperar a nadie.

Aprovechar las oportunidades significa tener claro que, por ejemplo, la inteligencia artificial y el aprendizaje automático representan nuevas maneras de abordar algunos de los problemas más difíciles a los que nos enfrentamos los seres humanos hoy en día. Los más hábiles lograrán encontrar soluciones y rentabilizarlas. Serán ellos quienes sean realmente capaces de integrar en el conjunto de los procesos físicos de nuestro negocio una decena de tecnologías de base digital totalmente disruptivas.

A todo ello le vamos a sacar partido si somos capaces de lograr una mayor eficiencia y optimización de las tareas, automatizando la mayor parte de los procesos industriales y sustituyendo al hombre por la máquina en esos procesos de automatización. Pero esto no significa que se vaya a producir una pérdida masiva de puestos de trabajo, sino que se tendrán que adaptar los trabajadores a las nuevas necesidades.

La transformación digital, a nivel empresarial, nos permitirá ser más ágiles y efectivos a la hora de dar respuesta a las necesidades del mercado y de los propios clientes. Gracias a la tecnología y al uso del *big data*, entre otros, se podrán predecir las tendencias futuras del mercado y tomar decisiones de forma rápida y acertada. En un mundo global y tecnológico, si queremos que nuestra empresa pueda competir y destacar en su sector, la transformación digital es la única manera de poder lograrlo.

A nivel humano, la transformación digital supone acabar con los trabajos tediosos y rutinarios y el auge de puestos más creativos y estratégicos. Para vivir este cambio de una manera positiva es importante que los profesionales desarrollen, además de conocimientos tecnológicos, algunas habilidades específicas como el carisma y la inteligencia emocional. Esto se traducirá en competencias como la creatividad, el sentido del humor, la empatía, la resiliencia, la motivación, la adaptabilidad o el trabajo en equipo. Características puramente humanas, imprescindibles para llevar a cabo las tareas que las máquinas no pueden realizar (al menos por ahora).

Por otro lado, hay que apuntar que algunas de las profesiones más demandadas a consecuencia de esta trasformación digital son aquellas vinculadas con la tecnología: la nube, *blockchain*, *big data*, etc.

Todo ello exige un cambio profundo en el sistema educativo. Por un lado, si queremos un mundo más igualitario y rico es importante favorecer que las niñas estudien estas carreras técnicas, pues el futuro pasa por ellas. En segundo lugar, a la vez que se fomenta el estudio de la robótica, la tecnología o la informática en el aula, es clave incidir en disciplinas más humanistas, como la filosofía o las humanidades en general, imprescindibles para hacer un uso ético de la tecnología.

Esta revolución digital está cambiando el tipo de liderazgo. Para dirigir esta transformación en el mundo laboral será esencial contar con líderes carismáticos, empáticos y con altas dosis de inteligencia emocional. Deben ser ejemplo de coherencia entre lo que dicen y hacen para lograr inspirar a los empleados. El liderazgo ahora se gana, ya no se impone. Estos líderes, propios de una estructura empresarial horizontal (que ya no es ni volverá a ser vertical), serán los encargados de capitanear la transformación digital de sus empresas.

Con la revolución digital el mundo se hace más pequeño, más cercano, más manejable incluso. No importa el lugar geográfico porque la conexión *online* nos permite llegar a casi cualquier punto de la Tierra que tenga conexión a Internet. Adiós a las horas invertidas en viajar para ver a los clientes, proveedores, etc. Hay muchas aplicaciones, como Skype, Zoom o Facetime, por solo mencionar algunas, que tienen paquetes básicos gratuitos con los que podemos ver a nuestros contactos y hablar con ellos, estén donde estén.

Estas innovaciones en la comunicación nos van a permitir abarcar más posibilidades, logrando multiplicar el número de reuniones que podemos celebrar en un día y, por lo tanto, sacar mucho más provecho de nuestra agenda, nuestro tiempo, nuestra energía y, cómo no, nuestro negocio. ¡Y todo esto sin tener que hacer maletas ni sufrir *jet lag*! Incluso las profesiones más tradicionalmente consideradas como presenciales pueden beneficiarse de la alta calidad de imagen, sonido y velocidad de conexión para asegurar que el cliente siga recibiendo una atención de calidad. Cada vez hay más médicos, terapeutas, *coaches* o consultores que llegan a sus clientes a través de la pantalla.

Estas pantallas nos sirven tanto para grandes negocios como para reuniones de familia. No sería la primera vez que un grupo familiar alejado por cientos o miles de kilómetros celebra la comida de Navidad o la cena de fin de año por Skype. Esto demuestra que la pantalla no es una pared, sino una puerta a lugares aparentemente inaccesibles.

Porque la era digital está cambiando la manera en que nos comunicamos entre nosotros: impactar y llegar a una audiencia, un cliente y un equipo se ha convertido en un reto cada vez mayor, ya que tenemos que competir con una gran cantidad de factores.

Podremos rentabilizar todo esto cuando seamos capaces de asumir que los consumidores han cambiado. Lo que les ha hecho cambiar ha sido la adopción muy rápida de una tecnología que les proporciona un poder nunca antes alcanzado por nadie. Ahora ese poder está en las manos de todo el mundo, demandando respuestas inmediatas y altamente satisfactorias. Por eso las organizaciones se ven en la necesidad de desarrollar procesos, sistemas, tecnología y una cultura donde el cliente esté en el centro y con la capacidad de reaccionar inmediatamente tanto a los deseos de los compradores como a la evolución vertiginosa de la tecnología.

En un mundo que tiende a lo gratuito, la revolución digital es el camino para proveer de autoservicio a tus clientes y conseguir que se autosirvan, quitándote gran parte de tu trabajo, sobre todo la parte tediosa y repetitiva. En el mundo del siglo XXI se necesitan plataformas que permitan desarrollos ágiles que integren todas las funciones de la empresa y sirvan para modificar en horas los nuevos modelos de negocio. No podemos depender de desarrollos del siglo XX, que son pesados, difíciles de mantener e incapaces de proveernos de las funcionalidades que necesitamos en un mundo cambiante en el que debemos ser muy flexibles.

El futuro que te espera

La mayoría de los profesionales especializados en el campo del trabajo coincide en que dentro de diez o quince años trabajaremos en profesiones muy diferentes a las actuales. Eso no significa que vayan a desaparecer todos los puestos de trabajo existentes, ni mucho menos, porque seguiremos necesitando ingenieros, personas que hayan estudiado Administración de Empresas, Economía, Derecho o Medicina; aunque otras sí desaparecerán, algo que iremos viendo con el discurrir de los años.

Vamos a seguir teniendo una gran demanda de psicólogos, en ocasiones en entornos de trabajo diferentes a los actuales, y también profesionales dedicados al cuidado de la tercera edad, porque cada año tenemos mayor expectativa de vida y ahí habrá negocio para los más avispados. No obstante, algunas de las profesiones que van a permanecer van a transformarse. Estarán mucho más vinculadas al mundo de la tecnología y los nuevos modelos de trabajo virtual, como es el caso del mundo de la abogacía, la economía y la medicina.

Para la mayoría de las nuevas profesiones no existen en la actualidad formaciones específicas por parte de nuestro sistema educativo. Lo habitual es partir de una carrera tradicional, que luego es complementada con másteres o posgrados específicos de las nuevas áreas.

Ante todos estos cambios que se avecinan lo mejor que puedes hacer para que no te coja el toro es intentar visualizar tu futuro profesional, tratando de adivinar cómo va a ser la sociedad en ese momento. Esto te servirá para hacerte una idea. Una vez que has empezado el proceso, el siguiente paso sería analizar las profesiones emergentes y las tendencias del mercado. Con esto será mucho más fácil intuir hacia dónde se dirige ese mercado y cómo adaptarte a él.

Podrías intentar conocerte mejor profesional y personalmente para aprovechar tus virtudes y defectos, que todo se puede aprovechar, y marcarte un plan de carrera.

El profesional digital se enfrenta a un nuevo reto, el de adquirir nuevas competencias, ser multidisciplinar y multiplataforma, trabajar de forma más flexible y dinámica y tener predisposición para adaptarse a los cambios.

Tu primera acción podría ser plantearte si la profesión que has elegido tiene futuro o no lo tiene. Está bien que estudiemos lo que nos gusta, pero tampoco está de más que estudiemos algo que nos vaya a permitir vivir con holgura. La decisión es tuya. Piensa que los empleos que corren más peligro son los predecibles, rutinarios y repetitivos.

La digitalización va a suponer, entre otras cosas, un aumento de la competencia. Al introducirse innovaciones tecnológicas constantemente, la carrera por estar en la cabeza del entramado empresarial cada vez será más difícil, por lo que va a ser muy importante la especialización: los profesionales se verán obligados a especializarse y las empresas deberán buscar perfiles expertos en áreas digitales concretas, que aporten un valor añadido al negocio y que proporcionen más valor del que ya ofrecen todos los demás.

Que se van a perder puestos de trabajo es algo innegable, igual que se van a crear otros. Para ti la diferencia estará en función del tipo de profesión que hayas elegido. No olvides que siempre que se ha producido una revolución industrial (estamos en la cuarta) lo primero que ha surgido ha sido el miedo a perder el trabajo. En este sentido nada ha cambiado. Es cierto que los robots nos van a quitar algunos empleos, pero se van a crear otros.

No te queda más remedio que pensar a largo plazo, porque la revolución digital ha llegado y evoluciona constantemente. Esto significa que si ya tienes empleo quizá lo mejor sea no centrarte solo en ese sector, sino levantar el periscopio en busca de otras oportunidades. Puedes hacerlo sin prisa, pero sin pausa.

Y en cuanto a la diferencia de género, probablemente los más perjudicados serán los hombres con respecto a las mujeres. La cantidad de trabajos típicamente masculinos que corren el riesgo de ser automatizados es mayor que en el caso de los empleos donde las mujeres son mayoría.

Esto se produce, en parte, porque muchos de esos trabajos de los hombres demandan un menor nivel educativo.

Ya te habrás dado cuenta de que el trabajo para toda la vida en la misma empresa se ha acabado, es cosa del pasado. Algunos estudiosos del tema consideran que en diez años cualquier sector estará controlado por cinco o diez superempresas, dejando el resto a *freelances,* autónomos o pequeños empresarios. Si esto fuese así, implicaría que cada profesional no solo tendrá que trabajar para recibir una remuneración económica, sino que deberá ocuparse de crear y alimentar su propia marca para que le contraten.

Se habla de dos tipos de trabajadores en el futuro: los que están dentro de la empresa y los que están fuera y hacen trabajos puntuales o continuados. El primero es el que forma el núcleo duro de la compañía, es indispensable para la organización y dedica todo su tiempo a la firma. El segundo grupo trabaja en otras empresas o por su cuenta y estos trabajadores son subcontratados para realizar determinadas tareas. Los primeros, que son indispensables, serán los mejor remunerados económicamente, mientras que los otros tendrán remuneraciones menores, aunque por encima de la media. Los que no estén suficientemente cualificados lo van a pasar bastante mal.

Las nuevas oportunidades

Las profesiones ligadas a la tecnología van a ofrecer innumerables oportunidades de empleo. El ámbito tecnológico se caracteriza por la rapidez con la que surgen esas nuevas profesiones, por lo que los empleados no tienen más remedio que estar en continua formación.

Ante este mundo cambiante en lo profesional y en lo social, elegir la futura profesión es muy difícil, sobre todo teniendo en cuenta que durante la vida laboral es muy probable que se cambie tres o cuatro veces de profesión. Y es seguro que muchos profesionales van a trabajar en empleos que hoy en día no existen, por lo que adaptarse es cuestión de vida o muerte. Lo que decía Darwin de que solo los individuos y las especies que se adaptan sobreviven sirve perfectamente para el mercado laboral.

Nos encontramos en un mundo cambiante, donde no sabemos qué va a ocurrir mañana, qué empleos se van a inventar y cuáles van a desaparecer. Porque nacen tanto nuevos modelos de empresas como nuevas profesiones, en un ambiente en el que lo más destacado es el arrollador avance de las comunicaciones.

La imposibilidad de prever el futuro es lo que nos lleva a observar con perplejidad cómo desaparecen unas profesiones, otras se crean y otras evolucionan hacia modelos diferentes, algo que es incontrolable y a lo que solo se adaptarán los más preparados, que serán quienes se beneficien de esta nueva realidad.

Los principales factores del nuevo rumbo que está tomando el mercado laboral están basados en la transformación digital de las compañías y en las necesidades globales de la sociedad. La tecnología se va a implantar en los puestos de trabajo menos cualificados, lo que originará una destrucción y creación de empleo simultánea.

Por ello, la necesaria reinvención profesional solo será posible si somos capaces de sacar beneficio de esta nueva situación y de movernos con facilidad en diferentes sectores. Es decir, debemos dominar algunas competencias básicas, muchas de ellas denominadas habilidades blandas, que seremos capaces de aplicar en cualquier campo y en cualquier momento. Es la única forma de responder adecuadamente y con ciertas garantías de éxito a las exigencias del mercado laboral y a las de los reclutadores.

Estamos pasando de un modelo clásico de empresa jerárquica y tradicional a otro más abierto, estilo *startup* o empresa emergente. El trabajo se organizará de forma diferente y esto cambiará mucho más en el futuro, con organizaciones más horizontales y planas que facilitarán la implantación de modelos más pequeños y ágiles, sin barreras geográficas y mucho más colaborativos.

En esta nueva realidad será habitual que el profesional trabaje para más de un empleador, en diferentes momentos o de forma simultánea, porque el modelo de trabajo se basará mucho más en la realización de proyectos, que podrán durar horas, días, semanas, meses o años dependiendo de las necesidades del cliente.

A esto añadimos la mayor expectativa de vida y que los trabajadores se jubilarán cada vez más tarde. Así, nos vamos a encontrar con dos tipos de trabajadores: los cualificados, con muy buenos sueldos, y los no cualificados, que difícilmente llegarán a fin de mes. La diferencia entre unos y otros estará en la formación y la capacidad de adaptarse.

Los puestos más novedosos se encuentran concentrados en tres áreas: desarrolladores de aplicaciones móviles, expertos en seguridad informática y especialistas en *big data*. Este último es el encargado de analizar los datos de una empresa, interpretarlos y sacar conclusiones para mejorar la estrategia del negocio. El *big data* ha tenido tal irrupción en el mercado laboral que ha originado la creación de másteres que combinan la parte tecnológica con la visión de negocio.

Cuando hablamos de empleo nos encontramos con una triste paradoja, porque hay muchas empresas que no son capaces de encontrar trabajadores en un mercado de millones de parados. La respuesta está en la formación.

Hay algo que no cambiará: la cultura del esfuerzo. Cuanto más trabajador sea el empleado, mejor le irá. Ser trabajador no significa trabajar mucho, que también, sino estar formándose constantemente.

La formación que se avecina

Para elegir nuestra carrera profesional, que no es lo mismo que la carrera universitaria, debemos conocer toda la oferta formativa que tenemos a nuestro alcance. Pensemos que el trabajador del futuro deberá estar adquiriendo nuevos conocimientos a lo largo de toda su vida laboral. El de hoy en día también debería hacerlo, pero no es lo habitual. La diferencia entre ambos es que el empleado del futuro, si no se forma constante y adecuadamente, no tendrá acceso al mercado laboral y se quedará obsoleto. Los conocimientos adquiridos cinco años atrás no le servirán para el momento presente porque todo cambia rápidamente y no se puede permitir el lujo de perder el tren del conocimiento.

Esos conocimientos no se podrán adquirir en la universidad ni en escuelas oficiales porque su mastodóntico sistema educativo no les permite adaptarse a las necesidades reales del momento. Nuestro sistema educativo oficial no es nada fiable porque es prácticamente el mismo desde hace cuarenta años. Y ese conocimiento más avanzado solo se podrá adquirir en escuelas privadas, pagando mucho dinero, y por medios *online*.

En la actualidad tenemos una gran capacidad de adquirir conocimientos totalmente gratuitos *online* en plataformas como YouTube o los cursos *online* masivos y abiertos (MOOC, *massive online open courses*), además de otras muchas posibilidades, ya sean gratuitas o de pago. Hoy en día cualquiera que tenga acceso a Internet, que lo tiene prácticamente todo el mundo, si no se forma es porque no quiere.

Tenemos que apañarnos por nuestra cuenta por esa incapacidad de nuestro sistema educativo, que no responde a las necesidades de las empresas, que necesitan que los profesionales posean conocimientos que ni las escuelas oficiales ni las universidades públicas imparten en estos momentos ni está previsto que los impartan en un futuro inmediato. No son capaces de evolucionar con la rapidez que exigen el mercado y la revolución tecnológica que estamos experimentando cada día ni se saben adaptar a las exigencias de una renovación continua, que es imparable e impredecible.

Esto obliga a las empresas a ser ellas las que preparen a sus trabajadores y a la vez se abre un magnífico mercado para las escuelas de negocios, que sí son capaces de adaptarse, ofreciendo másteres y programas profesionales de todo tipo y para cada necesidad. Se van adaptando sobre la marcha.

Y para formarnos adecuadamente debemos conocer cómo está evolucionando nuestro sector con el fin de adaptarnos a él, ya sea para atisbar las nuevas oportunidades que se van presentando en nuestro puesto de trabajo o para optar a los nuevos puestos que se vayan creando.

Hasta no hace mucho tener una carrera universitaria era esencial para encontrar un buen trabajo. Ahora, sin embargo, se valoran más las habilidades y la formación en temas concretos. Y la Formación Profesional se presenta como una magnífica opción para acceder a un mercado laboral que cada vez exige más especialización. Es una magnífica palanca de apoyo tanto para los nuevos empleos como para los puestos más demandados.

Cierto es que en ocasiones elegimos una formación que luego no nos convence. Y también es cierto que, si no se adapta a nuestras expectativas y tenemos la posibilidad de hacerlo, lo mejor será cambiar. Porque cambiar no significa fracasar, y una retirada a tiempo puede ser una victoria. Estudiamos para formarnos y trabajar y para ser felices. Si nuestra profesión nos hace infelices es mejor intentar cambiar, aunque no siempre nos lo permiten las circunstancias de la vida. Por eso debemos formarnos en aquello que nos gusta, nos motiva y nos interesa.

La formación es imprescindible, teniendo en cuenta que después de los estudios obligatorios nos preparamos con más estudios que supuestamente nos conducirán a trabajar en un determinado sector profesional. Pero para triunfar en ese sector o cambiar a otro es fundamental que continuemos formándonos durante toda nuestra vida laboral. Esta es la pieza clave del éxito y la única forma de alcanzar nuestros objetivos.

En el actual sistema de formación oficial se necesitan muchos años para planificar planes de estudio y seleccionar a los formadores en estas nuevas profesiones. Este sistema es incapaz de asumir la vertiginosidad de los cambios, por lo que no ofrece una respuesta inmediata a las nuevas necesidades, lo que crea una distancia abismal entre el sistema de formación y las empresas, la llamada brecha digital (técnicamente denominada *gap* digital).

La mitad de las empresas no son capaces de contratar profesionales con formación tecnológica de los perfiles relacionados con la ciencia, la tecnología la ingeniería y las matemáticas, los denominados perfiles STEM (*science, technology, engineering* y *mathematics*).

España es uno de los países con una mayor distancia entre las necesidades de la empresa y la formación de los profesionales. Esto significa que habrá un importante déficit de trabajadores cualificados.

Se trata de una muy mala noticia porque se va a frenar nuestro progreso económico y social y seguiremos estando en los vagones de cola del tren de la innovación y el desarrollo. Aunque, como en toda crisis, surgen oportunidades, sobre todo para los más preparados, para aquellos que estén formados en lo relacionado con la tecnología en particular y las carreras STEM en general. Estos últimos tendrán casi asegurado un puesto de trabajo y, por cierto, muy bien remunerado.

En este debate sobre la educación y la formación nos encontramos con las escuelas de negocios, cuya función debería ser —y, de hecho, lo es— ofrecer una formación más personalizada y especializada, con un mayor uso de la tecnología, porque este mundo está experimentando unos cambios vertiginosos.

Parece claro que el ritmo al que se produce la transformación social y de las diferentes organizaciones obliga a las escuelas de negocios a adaptarse constantemente porque lo que es bueno y útil hoy mañana puede no serlo. Estas empresas, porque al fin y al cabo una escuela de negocios no es más que una empresa que busca beneficio económico, están siendo capaces de adaptarse y reciclarse según van apareciendo nuevas necesidades en un entorno cambiante.

Los directivos son, claramente, uno de los sectores profesionales que más beneficios pueden lograr de una escuela de negocios. Tendrían que cambiar su forma de pensar y actuar, porque se forman poco a pesar de que se preocupan mucho de que sus empleados sí tengan la formación que ellos parecen rechazar. Quizá esto se deba a que los empleados tienen más ayudas que los ejecutivos, que, además, suelen disponer de menos tiempo por sus largas jornadas de trabajo y porque el ego les hace pensar que ellos no necesitan formarse ni reciclarse.

Si consideramos que la oferta formativa se globaliza a marchas forzadas, debemos concluir que esta internacionalización supone tanto un reto como una oportunidad para las escuelas de negocios, que cazan al vuelo las necesidades de las empresas y los profesionales.

Estos centros de formación no solo se ocupan de las habilidades técnicas, sino también de la formación en habilidades directivas, esenciales para desarrollar con éxito cualquier carrera profesional. Son capaces de asumir el reto de crear contenidos personalizados de una forma ágil tanto para los trabajadores como para los directivos. Porque las necesidades de formación son desiguales en función de los diferentes puestos de trabajo, por lo que las ventajas competitivas para desarrollarlos adecuadamente son diferentes. Y todo ello teniendo claro que para esa formación no hay que desaprovechar ninguna de las ventajas que nos ofrecen las nuevas tecnologías y las redes sociales.

Pero no se trata de dejarlo todo en manos del mundo *online*, sino que tenemos que buscar un punto de equilibro. Si es cierto que el mercado *online* crece vertiginosamente y es muy cómodo para el usuario, no es menos cierto que el contacto personal presencial permite interacciones imposibles a través de una pantalla de ordenador, tableta o móvil.

Este mundo *online* es un claro ejemplo de la importancia de adaptarse, algo que han logrado las escuelas de negocios, que, frente a las universidades, tienen esa ventaja de flexibilidad. Sin olvidar, además, su contrastada capacidad de adaptar temáticas y currículos a las necesidades de un mercado que está cambiando constantemente.

La evaluación del conocimiento también está cambiando, porque estamos pasando de valorar los conocimientos puros y duros a tener más en cuenta la capacidad de análisis y adaptación de esos conocimientos, la capacidad de ser capaces de usar esas enseñanzas para intuir nuevos escenarios que nos permitan generar en las empresas modelos de negocio hasta ahora desconocidos.

A pesar de las claras ventajas que aportan las escuelas de negocios como complemento de otras acciones formativas y educativas, desde algunos ámbitos universitarios se ha puesto en cuestión su existencia dentro del modelo educativo. Primero se puso en duda y ahora se ha pasado de cuestionar su origen a discutir el concepto en el que se basan. Y, aprovechando ese cuestionamiento, han sido las propias universidades, tanto públicas como privadas, las que en muchas ocasiones han creado sus propias escuelas de negocios. Lo que no han tenido en cuenta es que el hecho de montar una estructura y denominarla escuela de negocios no convierte de forma automática esa estructura en una verdadera escuela de negocios. Muchas veces nos encontramos con sucedáneos que no han sabido asumir el ADN de las escuelas de negocios. Este ADN consiste en una formación de posgrado que tiene como principales ejes la formación práctica, actualizada, orientada a resultados e impartida por profesionales, empresarios y directivos que trabajan en el área que está enseñando ese docente y que lo que busca es la transformación profesional de sus alumnos y no la mera adquisición de conocimientos.

Al final, ya sea una escuela de negocios, una universidad o cualquier otro centro de formación, lo importante es que ese tiempo que se le dedica nos prepare para ser capaces de aprender y desaprender en este entorno económico globalizado en el que vivimos. La necesidad de formación a lo largo de la carrera profesional es, hoy en día, indiscutible y será mucho más importante en el futuro, precisamente por esos cambios, que nos obligan a adaptarnos constantemente. Y en este entorno la capacidad de aprender y desaprender rápidamente se ha convertido en una habilidad imprescindible para cualquier profesional del siglo XXI.

Tu carrera profesional

La carrera profesional no se puede planificar de un día para otro, sino con la vista puesta en el medio y largo plazo. Teniendo en cuenta que el concepto de trabajo para toda la vida ya no existe, habrá que ir fijando objetivos sobre la marcha, con la vista puesta en los próximos años. Porque parece claro que la mayoría de los trabajadores cambiará varias veces de sector profesional, ya sea por la insatisfacción que les produce su lugar de trabajo o por la necesidad de perseguir nuevos retos o incluso el trabajo con el que siempre soñaron.

Iremos planificando esos objetivos que nos permitan desarrollar una estrategia con unas acciones que nos ayudarán a lograr nuestras expectativas. Pero tenemos que ser capaces de entender por qué queremos realizar dicho cambio, ya sea por la necesidad de tener más tiempo para la familia y los amigos, para tener menos responsabilidades en el puesto de trabajo, para buscar un lugar de trabajo con el que sentirnos identificados, etc.

Lo primero es plantearnos si la profesión que hemos elegido tiene futuro o tiene muchas posibilidades de desaparecer. Si se trata de lo segundo, lo mejor será ir buscando un cambio profesional lo antes posible. Es mejor tener que reinventarse por necesidades de mercado que permanecer inmóviles y quedarnos sin empleo y sin posibilidades de adaptarnos a la nueva situación.

Por eso tenemos que pensar a medio y largo plazo, intentando adelantarnos en lo posible a los cambios que experimente el mercado. Si ya tenemos empleo no debemos obcecarnos con buscar solo en posiciones similares a la actual.

Todo ello sin olvidar la necesidad de trabajar nuestra marca y nuestra reputación, con la idea clara de que la relación entre el empleado y la empresa no es para toda la vida, ni mucho menos. Nos adaptaremos a nuevos modelos de compromiso, pensando en la posibilidad, cada vez más habitual, de trabajar por proyectos o hacerlo por nuestra cuenta en régimen de autónomo.

Las necesidades cambian constantemente y nos someteremos a una constante reinvención laboral, por lo que tendremos que dominar diferentes habilidades y ser capaces de innovar constantemente, con creatividad. Seremos capaces de adaptarnos a cada nueva situación según se nos vaya presentando y tendremos la suficiente capacidad como para trabajar en entornos cambiantes y adaptarnos a ellos sin grandes dificultades.

Es esencial trabajar nuestra marca personal, que será lo que nos diferencie de nuestra competencia y lo que ponga en valor esas competencias transversales que componen nuestro valor diferencial. Y otra necesidad es cuidar la red de contactos, porque el *networking* es esencial y nos ayudará en nuestra carrera profesional, ya sea para mejorar o para encontrar empleo.

El nuevo trabajador

Muchos de los trabajadores del futuro —y del presente— son lo que se denominan nómadas del conocimiento (*knowmad*, término acuñado por John Moravec, experto internacional sobre el futuro del trabajo y la educación innovadora). Son profesionales itinerantes, digitalmente hiper-conectados y expertos en su ámbito de competencias, que basan su éxito en el aprendizaje continuo, la cooperación y la innovación. Está claro que es el perfil que demandan hoy en día las empresas y que buscarán con mucho más ahínco en el futuro, porque no les preocupa que el trabajador esté siete horas sentado en su puesto de trabajo, sino que haga su trabajo de manera satisfactoria.

Estos profesionales son también conocidos como trabajadores 4.0, aquellos que utilizan la tecnología en su rutina diaria para mejorar los pro-cesos que realizan en su puesto laboral. Son polivalentes, con capacidades técnicas enfocadas a los resultados, orientados a la calidad y con capacidad de abstracción y concentración. Una de sus principales características es la habilidad de colaboración, porque trabajan en equipo, ya sea de forma presencial o remota, lo que les permite alcanzar su máximo potencial. Se adaptan fácilmente a los cambios con flexibilidad, curiosidad e interés por el aprendizaje constante. Todo ello sin olvidar su capacidad de liderazgo y sus habilidades sociales y de comunicación, ocupándose ellos mismos de gestionar su propia imagen y con dominio de idiomas, más en un mercado globalizado donde las relaciones *online* se incrementan día a día.

Se trata de unos perfiles con mentalidad de esponja, dispuestos a estar siempre aprendiendo, que se preocupan más de sus conocimientos y habilidades que de la titulitis. Lo mismo sucede con las empresas, que, contrariamente a lo que ocurría antes, ya no se preocupan de contratar a profesionales con varios títulos universitarios, sino que prefieren em-pleados que sean capaces de desarrollar su trabajo y adaptarse a cada nueva realidad. El valor diferencial que pueden aportar en los trabajos del futuro no se limita a transformar la información en conocimiento; también destaca la capacidad de desempeñar trabajos relacionados con la creatividad, innovación o resolución de problemas, que se presumen mucho más complicados de sustituir por máquinas.

Estos nuevos trabajadores potencian constantemente sus fortalezas, lo que les permite dedicarse a diferentes profesiones según la situación del mercado o sus propios intereses. Y cuanto más jóvenes son más exigentes, porque ya no buscan tanto un salario elevado como un trabajo en el que estén cómodos, en el que se sientan valorados tanto en lo profesional como en lo personal. Al sentirse más valorados acuden más felices a trabajar y mejora su productividad. Disfrutan de una mayor libertad y son mucho más responsables. Si esto no ocurre y no se encuentran a gusto en su trabajo, buscan otro empleo rápidamente.

No solo buscan la comodidad de elegir sus horarios en función de sus gustos y necesidades, sino trabajar en sus horas más productivas, que solo ellos conocen, por muy extraños que esos horarios puedan parecer.

La creatividad es otro factor esencial porque las empresas quieren profesionales capaces de adoptar un pensamiento positivo y que asuman riesgos, probando cosas que no se habían intentado antes.

La mujer en la empresa

Si alguien pone en duda el papel de la mujer como motor de la rentabilidad en una empresa es porque está fuera de la realidad. No se trata tanto de favorecer la diversidad de sexo, que también, como de reconocer el valor del liderazgo femenino para las organizaciones. La variedad de pensamiento que se produce al unir a ambos sexos genera innovación y la empresa que no innova desaparecerá.

El talento de la mujer, igual que el del hombre, es un capital que no podemos permitirnos desaprovechar. No ya porque sea inmoral desperdiciarlo, que lo es, sino porque es estúpido no aprovechar un talento que puede mejorar sensiblemente nuestra cuenta de resultados. Esto no tiene nada que ver con la política de cuotas, porque muchas mujeres están en contra de estas cuotas, ya que las sitúan en inferioridad de condiciones porque, en ocasiones, se considera que no están ahí por méritos propios, sino porque había que meter un determinado número de mujeres. A veces parece que se nos olvida que la mujer ha ganado su lugar en el mercado laboral a base de mérito y atreviéndose a asumir riesgos.

Sin embargo, siguen notándose diferencias que habría que reducir, como por ejemplo, en la política de ascensos. Resulta muy llamativo que las mujeres soliciten ascensos en base a su pasado, mientras que los hombres lo hacen en base a su potencial. Estos últimos se creen muy capaces y se postulan aunque no hayan demostrado nada. En este contexto, la mujer no tiene más remedio que aprender a hablar más fuerte para hacer oír su voz, dejando claro no solo lo que sabe, sino lo que es capaz de aprender con su capacidad para adaptarse a nuevas situaciones y retos. En el día a día las mujeres se siguen encontrando barreras, como siempre, tanto en empresas como en política, por lo que debemos evitar que esto se repita en el ámbito digital.

Esto no significa que haya que dejar de lado al hombre, sino que hay que integrar a todos, porque la cultura de la empresa se enriquece cuando somos capaces de incorporar perfiles variados de forma sencilla y natural. Al fin y al cabo, los diferentes estilos de liderazgo femenino y masculino se complementan perfectamente. Esa complementariedad significa que estamos teniendo en cuenta la singularidad de cada uno de los trabajadores de la empresa, lo que enriquece el resultado final.

A nivel mundial la presencia femenina ha aumentado en todos los ámbitos, demostrando un creciente empoderamiento de la mujer. La presencia femenina en el mundo digital cumple un papel más destacado que en otros ámbitos.

Según diferentes estudios, existen características y habilidades particularmente femeninas que las posicionan como importantes agentes de cambio para la digitalización, como pueden ser su fácil adaptación al mundo *online*, su preferencia por la formación continua y el innegable hecho de que las mujeres emprenden con mayor éxito que los hombres. Esto las convierte en los agentes de cambio ideales para empresas que buscan alcanzar su ansiada transformación digital.

No obstante, y a pesar de algunos avances, la mujer sigue estando muy poco representada en los puestos de dirección, a la vez que hay demasiada presencia femenina en muchos de esos puestos que van a desaparecer a causa de la automatización. También tienen una presencia escandalosamente baja las mujeres en los sectores en crecimiento relacionados con las ingenierías, energía, física y matemáticas. Esto solo cambiará si la mujer modifica sus preferencias de estudio y busca carreras con un buen futuro profesional. Porque una cosa es lo que nos gusta estudiar y otra muy diferente lo que tiene salidas profesionales con futuro.

Además, nos encontramos con el gran problema, que es la conciliación. Históricamente ha conciliado la mujer porque se consideraba que la carrera profesional del hombre era mucho más importante. De esta situación es tan culpable la sociedad en general como la pareja. Que alguien nos explique por qué la carrera de un hombre es más importante que la de una mujer. Tendrían que ponerse de acuerdo entre ellos dos y que no sean ellas las que lleven a los niños al médico, al colegio o a las actividades extraescolares. Al final de toda la reflexión nos encontramos con que se trata de una decisión individual de cada pareja para saber cuál de los dos asume más responsabilidades en el entorno familiar, porque uno de ellos tiene que asumirlas.

Volviendo a la rentabilidad de la mujer, sin despreciar al hombre, está comprobado que la entrada de ellas en los puestos directivos se traduce en incrementos de la cuota de mercado y aumento de los beneficios del negocio. Según los análisis del Instituto Peterson, las empresas con un treinta por ciento o más de representación femenina en puestos directivos pueden alcanzar un quince por ciento más de ingresos netos y mejorar el rendimiento corporativo, aunque son muy pocas las empresas que siguen estas directrices. A pesar de ello y de que la brecha de género en los puestos directivos se ha reducido, siguen existiendo grandes diferencias que se ven alimentadas por numerosas barreras, que habrá que ir derribando lo antes posible.

Además, nos encontramos con un problema cosmético, porque si bien es cierto que el número de mujeres en los consejos de administración ha aumentado, no lo ha hecho en la misma proporción el número de ellas que ejercen cargos ejecutivos. Esta diversidad de género es uno de los temas que más preocupan a los gestores del talento, que tienen esta cuestión como una de sus principales prioridades. Así, nos encontramos con que más de la mitad de las compañías priorizan la diversidad para mejorar la cultura corporativa y también para aumentar los beneficios financieros. La lección de este interés es tan simple como que, si no se ponen en marcha este tipo de medidas, las empresas se arriesgan a sufrir un impacto negativo en crecimiento y cuenta de resultados.

La nueva empresa, un concepto diferente

La empresa es consciente del ciclo laboral de los trabajadores, que se basa en varios pilares: atracción, selección y reclutamiento, bienvenida, desarrollo, fidelización y separación. En cada una de estas etapas se puede extraer información muy valiosa para la firma, para mejorar la reputación de la empresa mediante el compromiso de los profesionales para dar coherencia a los valores que conforman la cultura de la organización. Uno de los principales objetivos de todo esto es reducir la rotación de los empleados.

El problema surge cuando la escasez de talento impulsa a la organización a trabajar solo en algunos aspectos de la carrera profesional, principalmente la atracción y la fidelización, olvidándose del resto. No se tiene en cuenta todo el ciclo de la vida laboral del trabajador, lo que finalmente perjudica tanto a empleado como a empleador.

La atracción se basa en la marca de la empresa, se produce antes de que el trabajador entre en contacto con la compañía y significa que el empleado tiene una buena imagen de cómo sería su vida en esa empresa. Las marcas ya no deben preocuparse de su *branding* de cara a sus clientes, sino también de cara a sus propios empleados y posibles candidatos. En cuanto a la selección y el reclutamiento, no es más que el intento de integrar talento en la organización, para lo que el candidato tiene que recibir una propuesta interesante, no solo económicamente hablando. En la bienvenida se ayuda a los nuevos trabajadores a conocer e integrarse en la cultura de la empresa, porque cada compañía es diferente y hay que ser capaces de adaptarse a la nueva situación, porque cuanto más cómodos e involucrados se sientan los nuevos trabajadores antes trabajarán a pleno rendimiento. El desarrollo consiste en generar oportunidades de impulsar la carrera profesional con visión de futuro para implicarse en la empresa desde el primer momento y evitar que nada más entrar ya estén pensando en marcharse a otro lugar. Y eso nos lleva a la fidelización, que se puede lograr de muchas formas, tanto promoviendo el desarrollo de la carrera profesional como por cuestiones de conciliación, salario e implicación en la marca, entre otras. Y si no hemos sido capaces de fidelizar llegará el momento de la separación por edad, cambio de intereses, situación personal, mejora profesional o cualquier otra circunstancia, aunque generalmente se produce por motivos económicos de una de las dos partes implicadas.

Evitar que se marche el trabajador y saber qué es lo que quiere ha llevado a la aparición de diferentes plataformas de reputación laboral que se ocupan de valorar a las empresas. Esto permite mejorar los puestos de trabajo y ayudar a los usuarios a tomar mejores decisiones laborales, teniendo en cuenta la experiencia de otras personas que han trabajado en la empresa. Estas valoraciones, que no están gestionadas por las empresas, sino por plataformas independientes, tienen como finalidad que los usuarios compartan anónimamente los aspectos positivos y, sobre todo, los que tienen que mejorar las empresas, aportando ideas y posibles soluciones para la mejora del clima laboral. Estas plataformas, como Workpinion, se convierten en un escaparate donde se puede ver todo lo relacionado con el mercado laboral y donde se valora a las compañías o se exponen sus puntos débiles.

Al final se trata de mejorar la rentabilidad de la empresa creando una cultura empresarial que se basa en el bienestar de todos los trabajadores y que redundará en la cuenta de resultados de la propia firma.

También el acceso a la información por parte de los trabajadores ha cambiado radicalmente en los últimos años y aún cambiará más. Antes la información era confidencial y no se compartía con la plantilla, solo con unos pocos privilegiados que tenían autorización y accedían a ella. Se desconocía en qué proyecto trabajaban los compañeros y se llevaba todo con mucho secretismo. Esto ya no funciona porque vivimos dentro de un entorno laboral que incluye la información compartida para que todos o buena parte de los trabajadores conozcan los proyectos que se desarrollan a su alrededor. Esto permite compartir ideas.

Las compañías tradicionales deben responder a la nueva situación con una nueva organización que se adapte a los nuevos modelos laborales. Y la selección y el reclutamiento de profesionales se han visto obligados a afrontar esta nueva relación entre empleados y empleadores.

Los procesos de selección también cambian. Antes eran los candidatos a un puesto los que se ocupaban de enviar su currículum, pero ahora son las empresas las que se afanan en encontrarlos, porque los candidatos profesionalmente cualificados se han acabado convirtiendo en sujetos pasivos. El candidato digital quiere empresas que se lo pongan fácil y que se adapten a sus necesidades; quiere conocer más en profundidad la empresa, que esta sea real y transparente y que se pueda interactuar con ella con relativa facilidad. Es la empresa la que se ocupa de encontrar al candidato, convencerle y contratarle.

Las herramientas digitales permiten acercarse más a los candidatos y el reto será establecer una relación, tanto *offline* como *online*, para que el trabajador se sienta satisfecho. Surgen nuevas formas de reclutamiento, como el uso de las redes sociales, la utilización de herramientas colaborativas o el desarrollo del *big data*, que plantean nuevas problemáticas a las que se debe hacer frente.

Hoy en día estos procesos son muy rápidos porque en muchos casos están automatizados, prácticamente robotizados. Hay que tener en cuenta que ya no se buscan los candidatos manualmente, sino con fórmulas predictivas, por lo que será ese candidato quien se ocupe de definir en las herramientas sus habilidades para que el motor de búsqueda pueda identificarlas, valorarlas y posteriormente seleccionarlas. Resulta esencial para el candidato aprender a desarrollar y destacar sus competencias transversales para conseguir diferenciarse y destacar con éxito todo su valor.

Pensemos que no son las personas las encargadas de esa selección, sino unas máquinas sin empatía alguna, que van aprendiendo constantemente y que no tienen sentimientos. Se trata de unos robots programados, lo que, al eliminar el factor humano, puede provocar que se haga una elección equivocada y no se contrate al candidato adecuado.

Como muestra un botón: en Estados Unidos, para la búsqueda de empleo, una compañía de televendedores insertó el parámetro «persona que nunca miente» al automatizar el proceso de selección. No se tuvo en cuenta que los mejores vendedores no son, ni mucho menos, los que siempre dicen la verdad, sino aquellos que se encuentran más cómodos en la ambigüedad. Estos vendedores eran rechazados nada más iniciarse el proceso de selección.

La cultura empresarial

Para que la empresa funcione adecuadamente debe tener una clara cultura empresarial, unas normas y formas de actuar comunes para la inmensa mayoría de sus trabajadores, desde el máximo responsable hasta el último mono. Las organizaciones tienen que reinventar por completo sus modelos operativos, su cadena de valor y su producción para conseguir crear más valor a través de lo digital.

La cultura empresarial recoge el ADN de la compañía, es decir, la personalidad de la organización, reflejando las características que la distinguen del resto de empresas. Este ADN se compone de una serie de factores, fundamentalmente de la estructura de la organización (normas y reglas), la autonomía individual, la identidad de la compañía, el apoyo entre directivos y empleados, el reconocimiento al trabajo y la tolerancia al conflicto y al riesgo.

La cultura empresarial debe ser fuerte y se logra cuando los valores y normas establecidos desde un primer momento son comprendidos, aceptados, seguidos y tenidos en consideración en todo momento durante la toma de decisiones en cualquier nivel de la estructura de la empresa. Las compañías tienen que prestar atención al entorno para identificar los obstáculos que impiden a los equipos ser más productivos. Al localizar estos obstáculos se pueden crear espacios más dinámicos en favor de su rendimiento y bienestar.

Sin embargo, hay firmas que tienen una cultura muy débil porque los trabajadores de base, los cualificados y los directivos no se ponen de acuerdo a la hora de asumir los valores. Los ven como unas normas impuestas, que a ellos les obligan a seguir a pesar de no compartirlas. Es decir, cada uno rema en la dirección que le viene en gana, sin tener en cuenta al conjunto de la organización.

Para que una empresa funcione adecuadamente tiene que basarse en algunos principios básicos como son su misión, su visión y sus valores. Cuando hablamos de la misión nos referimos a su razón de ser, el motivo por el que fue creada. La visión es lo que se espera de ella en el futuro, sus proyectos y plan de acción, la estrategia a medio plazo. Y los valores son los que determinan la forma de trabajar de la empresa, cómo es la gente y cómo actúa.

La reforma del conjunto de valores, hábitos, creencias y experiencias que definen a una empresa a través de sus empleados es uno de los mayores desafíos en esta era digital. Un cambio tan profundo como la transformación digital necesita un entorno que sea favorable a la innovación tecnológica para lograr asentarse y desarrollarse. De lo contrario, cualquier intento de reforma tecnológica tiene poquísimas opciones de prosperar o de ser implementado correctamente.

Hay otras formas de ver la cultura, ampliamente difundidas en diferentes análisis, como el de Jeffrey Sonnenfel. Así, nos encontramos con la cultura de fortalezas, de club, de academia o de equipo de béisbol. La de fortalezas se basa en la búsqueda de la seguridad en el puesto laboral, algo que ocurre de forma especial en las pymes. La cultura de club tiene como base el factor de antigüedad, que es esencial y que se asienta sobre diferentes criterios, como ocurre en el Ejército, que son principalmente el compromiso y la lealtad. La cultura de academia se centra en los conocimientos y la capacidad técnica, que se valoran y gratifican mediante promociones. Lo que se hace en este caso es promover un ambiente tranquilo, parecido al del ámbito universitario. Por último está la cultura del equipo de béisbol, donde se incentiva la productividad, dando importancia y valorando el talento y la capacidad de innovación.

En ocasiones la política de la empresa está completamente asentada, pero otras veces hay que crearla o cambiarla sobre la marcha. Sea como sea, se deberían seguir unas normas básicas para que la cultura de la empresa sea efectiva y se instale a lo largo y ancho de la compañía. No es sencillo construirla y es necesario, previamente y durante su desarrollo, entender cuáles son los rasgos predominantes y saber discernir perfectamente cuándo estos rasgos son positivos o pueden ser negativos. Y en todo el proceso los líderes de la empresa tienen que estar implicados al cien por cien. Hay que predicar con el ejemplo, porque si los de abajo ven que los de arriba no siguen sus propias directrices ellos tampoco lo harán, lo que provocará una completa desconexión entre unos y otros.

Esa cultura no se construye en un día ni en una semana. Por ello, los responsables de la compañía tienen que ir mostrando, poco a poco, que las consecuencias de esa política que están desarrollando son positivas en la cuenta de resultados. Es imprescindible que directivos y empleados adquieran todo tipo de competencias digitales para afrontar esta transformación digital. Si se demuestran los efectos positivos del cambio, en el caso de que sea necesario hacerlo, no solo será más fuerte, sino más rápido.

Dentro de esa cultura nos encontramos con otros aspectos, relacionados en buena medida con la comunicación. Es el caso de los mitos, los rituales y el lenguaje.

Los mitos son esas anécdotas, fábulas, leyendas o historietas que se cuentan acerca de ciertos acontecimientos que ocurrieron en el pasado y que suelen ser idealizados por el conjunto de la empresa porque reflejan sus valores principales. Muchos de estos mitos se refieren a los inicios de la empresa, a los fundadores y cómo fue creada la compañía, haciendo especial referencia a su comportamiento ejemplar, que se ve como un referente en la actualidad.

Los rituales sirven para señalar ciertos momentos especiales de la compañía y son actividades sistemáticas y programadas que suponen una forma de comunicar los valores de esa cultura. Así, en algunas empresas nos encontramos con rituales de iniciación de los recién incorporados, pero también cuando se producen ascensos de empleados o para los despidos, que de todo hay.

Y en cuanto al lenguaje, hay que señalar que algunas firmas tienen un lenguaje especial para ciertos momentos, algo que se comparte dentro de la propia organización y que fuera de ella carece de sentido y no se comprende.

Todo esto consigue una buena cultura empresarial, que asegura que los empleados que se vayan de la organización se lleven con ellos algunos de los valores de la misma. Y también facilita que los nuevos empleados se adapten de una forma sencilla a la manera en que se hacen las cosas en esa organización. Por eso es esencial que la cultura empresarial se base en los valores, la motivación, los méritos, la confianza, el respeto, la tolerancia, el esfuerzo y el compañerismo, porque si no hay equipo la empresa no tiene futuro.

Siguiendo esta línea encontramos algunos ejemplos especialmente llamativos de la cultura empresarial y de cómo gestionarla y desarrollarla adecuadamente. El caso de Google es quizá el más significativo de esta situación. Cuando contratan a una persona no lo hacen pensando en sus conocimientos, que se pueden adquirir en cualquier momento, sino en su imaginación, su potencial para solucionar problemas complejos, su inventiva y su capacidad de enfrentarse a situaciones inesperadas.

Pero la política de recursos humanos de Google no se queda ahí y va mucho más allá: muestra un especial interés por apostar por la productividad y la felicidad; porque no olvidemos que la principal finalidad de cualquier empresa es ganar dinero, por lo que, rizando el rizo, dispone de empleados cuyo trabajo es asegurarse de que los demás miembros de la empresa están contentos y felices.

Hay otros ejemplos, como Banco Santander, que debe su prestigio a valores como la innovación, el liderazgo y el dinamismo. Esto le ha permitido convertirse en una de las entidades bancarias más sólidas del mundo. Pero no puede dormirse en los laureles, porque las *fintech* están al acecho. Las *fintech* son empresas que ofrecen servicios financieros utilizando la tecnología. La expresión surge de la combinación de dos palabras inglesas: *financial* y *technology*.

El Corte Inglés basa su cultura empresarial en la atención al cliente. Aunque en ocasiones se citan otras virtudes como la ética, la responsabilidad y la vinculación con el entorno y el respeto al medio ambiente, su seña de identidad es, sin duda alguna, la atención al cliente. Porque ese cliente está por encima de todo, pase lo que pase, y se hace lo imposible para que esté contento en todo momento.

Algo parecido a lo que ocurre con Amazon, que también sitúa al cliente por encima de proveedores y de cualquier otro sector con el que se relacione. Ese es parte de su éxito, algo que otras empresas no han entendido, porque siguen considerando al usuario como algo secundario.

Tanto estas como otras compañías están empeñadas en conocer el clima laboral que se respira dentro de ellas. Esos datos permiten mejorar el desarrollo de todo el grupo, desde los directivos a los técnicos y al personal no cualificado.

El teletrabajo

Los trabajadores ya no aguantan esas largas jornadas, muchas veces improductivas. Exigen mayor flexibilidad de horarios porque la conciliación no es un deseo, sino un derecho reconocido y un valor diferencial de las empresas que la facilitan. En muchos empleos la flexibilidad horaria será una realidad, contribuyendo a mejorar la predisposición del empleado y su felicidad. Además, ayuda a reducir notablemente el absentismo laboral y ahorra costes de mantenimiento de oficinas.

Cuando le damos a un empleado mayor control de su horario, le estamos haciendo a él la vida más fácil y mejorando la productividad y rentabilidad de nuestro negocio. De igual forma que el horario de trabajo pasará a ser autogestionado por el propio trabajador, la transformación digital va a acabar con la obligación de permanecer en la oficina durante la jornada laboral estándar de ocho horas.

El tiempo realmente productivo viene a ser de unas treinta horas a la semana. Después es tiempo perdido. Cierto que el trabajador estará en la oficina y quizá controlado por sus superiores, pero casi mejor que no estuviera, porque estará presente, pero no trabajando.

Si tenemos en cuenta que el sesenta por ciento de los *millenials* está dispuesto a cobrar menos a cambio de más flexibilidad y que la flexibilidad hace que el empleado tenga más interés en hacer bien su trabajo, nos encontramos con que las empresas con trabajadores más responsables serán las más flexibles con ellos.

Esta flexibilidad está lejos de cumplirse en España, donde son habituales las jornadas de diez o doce horas diarias entre el trabajo, la pausa para comer y los desplazamientos. Más de la mitad de los trabajadores apuestan por el horario norteuropeo/americano, con una pausa corta para comer.

Infinidad de jóvenes ponen como condición que el trabajo sea remoto, porque para ellos es fundamental tener la libertad de hacer lo que quieren, como quieren y cuando quieren. Sin embargo, se requiere mucha disciplina, que no todo el mundo es capaz de asumir, se pierden posibilidades de interacción, con mayor aislamiento social, y pueden llegar a aumentar el sedentarismo y la obesidad.

El horario flexible es una opción cada vez más aceptada, que permite, dentro de un margen, que los empleados elijan su hora de entrada y de salida, cumpliendo siempre las horas efectivas de trabajo previstas. Pero seguimos con el problema de la productividad, porque no es lo mismo estar en la oficina que estar trabajando.

La opción del teletrabajo puede ser completa o parcial. Algunos empleados trabajan todo el tiempo desde su casa o desde el lugar que consideren oportuno. Otros, sin embargo, van a la empresa unos días o unas horas determinadas y el resto no lo hacen. Una jornada flexible, que hace posible que el empleado alterne trabajo en la oficina con trabajo desde casa y otros lugares, provocará una mayor productividad y más beneficio para la empresa.

Esta flexibilidad de horarios es posible gracias a la tecnología, que nos permite estar conectados en cualquier momento y lugar. Se puede salir antes de la oficina y continuar trabajando con el ordenador desde casa o mientras esperamos a nuestros hijos, que están con las extraescolares.

Junto al teletrabajo nos encontramos con el trabajo inteligente o *smart working*, que no debe confundirse con este, ya que el rendimiento total en este caso consiste en poner a disposición del trabajador todas las herramientas que le permitan ser más eficaz y obtener mejores resultados, pudiendo trabajar incluso desde una cafetería o desde el trasporte público (siempre que haya acceso a Internet, obviamente). Los beneficios para el trabajador con el *smart working* son muchos: flexibilidad horaria y geográfica, conciliación laboral y personal, ahorro de tiempo y costes…

Estas opciones implican que la empresa confía en que sus empleados van a cumplir los objetivos marcados sin necesidad de someterse a un horario rígido. Esta confianza genera motivación en el trabajador y ganas de continuar en la compañía. Es una situación que beneficia a ambas partes.

El teletrabajo también tiene riesgos para el empleado porque muchas firmas lo confunden con la disponibilidad completa, las veinticuatro horas del día, los siete días de la semana. Se trata de cumplir las tareas previstas en el proyecto en cuestión, no de estar disponibles constantemente. Las reglas deben ser claras.

La nueva oficina

El concepto de oficina ha cambiado radicalmente y aún lo hará mucho más. Las empresas se han dado cuenta de que en muchas ocasiones es antieconómico mantener grandes edificios, que la mayor parte del día están vacíos porque los trabajadores están realizando labores en el exterior.

La rentabilidad y la productividad son dos de los pilares principales sobre los que se asienta el modelo económico de las empresas, que saben que el trabajo remoto, ya sea en casa o en otros lugares, es un factor que puede aumentar los beneficios. La plantilla que trabaja con movilidad es cada vez mayor, lo que implica que los usuarios necesitan tener acceso a los archivos en remoto y no como antes, que estaba casi todo en la sede de la empresa.

Estar conectado es algo totalmente indispensable. Desaparecer, desconectarse, no actualizar algo o simplemente estar inactivo en el mundo digital puede costarle demasiado a tu negocio, ya que hay tanta competencia en el mercado que puedes pasar de estar en la cima a ser olvidado casi de un día para otro. Y en los próximos años vamos a ver cómo cambia y avanza el puesto de trabajo digital tanto por la evolución tecnológica que se está produciendo como por los gastos operativos, que hay que reducir siempre que sea posible.

Las empresas buscan constantemente alternativas para aumentar la satisfacción de sus empleados porque pretenden que esto se traduzca en un aumento de su productividad. Cada día apuestan más por una transformación digital al servicio de los espacios físicos.

Esto implica que en el futuro —aunque ya se produce también en el presente en muchas empresas— el trabajo no estará asociado a un espacio físico, por lo que la oficina tradicional, en muchos de esos casos, no tendrá futuro alguno. Si a esto le añadimos el cambio cultural que se está produciendo por el acceso de las generaciones nativas digitales al mercado laboral, nos encontramos con una impresionante transformación tanto en el espacio donde se desarrolla el trabajo como en el tiempo y horario para desarrollarlo. Se trata de revolucionar la manera de concebir el espacio.

Transformar el espacio profesional en un espacio conectado, una oficina inteligente, a través de los objetos conectados y el Internet de las Cosas (IoT), es altamente rentable, casi una mina de oro. Ofrece posibilidades casi infinitas al conectar objetos y aplicaciones de todo tipo y aporta mucho en esa transformación digital de las oficinas y de los espacios de trabajo. La tecnología debe estar orientada a mejorar la calidad de vida del trabajador, ya que su felicidad significa mejores resultados para la empresa.

La solución de movilidad tiene como principal finalidad mejorar la productividad en el lugar de trabajo, permitiendo a los trabajadores móviles y remotos colaborar de forma al menos tan eficiente como los que se encuentran en la propia oficina.

El trabajo flexible, en cuanto al espacio físico se refiere, tiene cada vez mayor número de adeptos y muchos empleados rechazarían un empleo que no les ofrezca esa flexibilidad laboral, porque en ocasiones se valora mucho más el lugar de trabajo que el prestigio de la empresa. Esto significa que las empresas que no tengan una política de trabajo flexible y que sigan obligando a sus empleados a acudir cada día a la oficina en un horario determinado corren el riesgo de perder a sus mejores talentos.

Así, nos encontramos con que este trabajo flexible está siendo considerado en infinidad de ocasiones como una de las principales normas de cualquier negocio que se tome en serio el tema de la productividad y la agilidad. Se trata de ganar la guerra para hacerse con los mejores talentos. Y está claro que los mejores talentos ponen sus propias condiciones.

Ante esta situación, cualquier empresa que aún no haya considerado los beneficios financieros y estratégicos de contar con un espacio flexible de trabajo debe hacerlo de inmediato. Es algo parecido a lo que ocurre en muchas compañías con la transformación digital, que la dejan para mañana y no se dan cuenta de que ya será tarde. Quienes no lo asuman corren el riesgo de ser vistos como desfasados tanto por sus clientes como por sus empleados y la propia competencia, que aprovechará cualquier oportunidad para aumentar su cuota de mercado. Todo ello va unido con la conciliación de la vida familiar y laboral.

Para las pequeñas empresas y emprendedores, el *coworking* es una opción que cada vez tiene más aceptación. Se trata de espacios de trabajo alquilados por determinado periodo de tiempo, desde unas horas hasta semanas, meses o años. Estos espacios permiten compartir conocimientos tanto con los miembros de la propia empresa como con los de otras compañías que trabajan en las mismas condiciones. Es decir, un trabajador cuenta con aliados de su empresa y de otras ubicadas en el mismo espacio cuando tiene una duda o un problema que resolver. Porque estamos hablando de unas oficinas que ocupan diferentes empresas y que están totalmente equipadas tanto en el tema tecnológico como en el logístico, salas de reuniones incluidas.

Ahora se ha dado un paso más y tras el *coworking* ha aparecido el *coliving*, que son espacios de trabajo donde, además, hay residencia para quienes lo soliciten, al estilo de las tradicionales residencias de estudiantes. Estamos refiriéndonos a edificios medianos o grandes con habitaciones privadas y amplias zonas comunes tanto para trabajo como, en menor medida, para el tiempo de ocio. Estos proyectos se ponen en marcha con la intención de generar comunidades en el interior de los edificios, haciendo sencilla la interacción entre los usuarios que, sin embargo, siguen conservando sus zonas personales y privadas.

La semana de cuatro días

Tanto la empresa como el trabajador son conscientes de que la relación entre ambos está cambiando y aún tendrá que cambiar mucho más. No es ya cuestión de estar o no estar unas determinadas horas en el puesto de trabajo, sino de algo más.

Ese algo más puede ser trabajar menos días a la semana, aunque no en todas las empresas es factible porque depende del sector en el que se muevan. Pero sí hay muchas en las que es una opción viable y recomendable.

Tiene que quedar claro que hablamos de ciertas profesiones, no de todas. Un médico no puede operar al mismo número de pacientes en cuatro que en cinco días, ni con las mismas garantías de éxito. Un taxista tampoco puede facturar lo mismo en cinco que en seis días. Pero hay muchas profesiones donde sí es viable.

Que una empresa pueda prescindir de ese día tiene que ver fundamentalmente con el tipo de trabajo que desarrolla, ya que algunas deben prestar un servicio continuado y una reducción en sus días de apertura al público se verá reflejada en una pérdida de clientes. También se puede dar el caso de que una empresa no cierre un día, pero permita que sus empleados tengan un día libre rotativo entre el lunes y el viernes y que así la compañía no deba cerrar los viernes.

El ejemplo de Perpetual Guardian, que se dedica a la administración de fideicomisos y testamentos, nos indica que el sistema funciona, al menos en su caso. Esta empresa neozelandesa hace ya tiempo que decidió que sus empleados solo trabajasen cuatro días a la semana. Lo hizo tras una prueba piloto, que demostró que era más rentable este sistema porque el trabajador estaba mucho más motivado, de tal forma que el empleado podía ir a la oficina de lunes a jueves o de martes a viernes. Se trataba de conciliar los intereses de ambos y que las dos partes se beneficiasen mutuamente.

Antes de tomar la decisión, Perpetual Guardian había contactado con investigadores especializados para que analizasen cómo afectaría la medida a la compañía y a su cuenta de resultados. Una vez implantado este sistema se hizo un análisis de resultados y la valoración fue altamente positiva porque los 250 empleados de la firma aumentaron considerablemente su productividad. A cambio de ir menos días, ellos pueden pasar más tiempo con sus familias o disfrutando de sus aficiones favoritas, ya sea el deporte, cocinar o cualquier otra.

Los empleados experimentaron un veinticinco por ciento de mejora en el equilibrio entre la vida laboral y familiar y eso les llevaba a trabajar con mucha más energía y entrega tras disfrutar de sus días libres. El personal era más creativo y los descansos que se tomaba durante la jornada laboral eran mucho más cortos que anteriormente. Los niveles de estrés de los trabajadores disminuyeron y mejoró considerablemente su compromiso con el trabajo, sin llegar a producirse ninguna caída de la productividad, sino todo lo contrario. También disminuyó el absentismo entre los empleados, que eran mucho más puntuales y responsables que antes.

Perpetual Guardian tiene muy claro que la empresa tiene que pagar al empleado por lo que produce y el empleado también debe tener muy claro que tiene que ser rentable para la compañía. Ambos conocen sus obligaciones y sus recompensas. Con esta simple convicción el trabajador intentará dar lo mejor de sí mismo, lograr mayor rentabilidad para la firma y ser más feliz al disfrutar de más tiempo de ocio. Además, la motivación que tiene en su trabajo es mucho mayor que antes y esto hace que también disfrute más de su jornada laboral. Los empleados son más felices y rentables.

La productividad se notó también en la gestión del tiempo. Se logró acortar las reuniones de dos horas a apenas veinte minutos. Todo el trabajo desarrollado tenía más calidad y todo el mundo se concentró más en sus diferentes responsabilidades. Ahora se trabaja más rápido y mejor, con mayor eficiencia.

Parece claro que esto ayuda en la conciliación y que si un padre o una madre pueden hacer su trabajo en cuatro días no es necesario que vayan cinco solo para estar allí y que les vean sus jefes y sus compañeros. Si hacen su trabajo en menos tiempo no hay necesidad de recortarles el sueldo por el simple hecho de ir menos días a la oficina.

Se trata de innovar en el mundo laboral y las empresas que sean conscientes de ello tendrán mejores resultados al final del ejercicio que aquellas otras que sigan basando toda su actividad en conceptos tradicionales de control del horario laboral, que son actitudes cada día más desfasadas y antieconómicas.

El ejemplo Perpetual Guardian vendría a demostrar que las empresas no deben basar sus contrataciones de personal en función de las horas que los empleados tienen que pasar en la oficina, sino en relación a las tareas que tienen encomendadas. Eso de estar en la oficina sin hacer nada, solo porque hay que estar, cada día funciona menos.

Es esencial diferenciar entre el presentismo y la productividad, como deja claro Inma Ríos en su libro *Equipos motivados, equipos productivos.* Estamos hablando de conceptos de vida y trabajo. Cuando Inma comenzó a trabajar en los países nórdicos, en la década de los 90, le gustaba tanto su trabajo que se quedaba más tiempo cuando ya se había ido todo el mundo. Ella estaba feliz hasta que un compañero le comentó que eso daba mala imagen. Si pasaba más tiempo del que se había previsto inicialmente estaba transmitiendo la sensación de que no era capaz de hacer su trabajo en su jornada laboral, dando la imagen de ser una persona poco productiva. A Inma aquello le sorprendió mucho porque en España era todo lo contrario, y cuanto más tiempo estuvieses en tu lugar de trabajo más se te valoraba.

Esto nos lleva a considerar que en nuestra empresa podemos tener gente que cumple su horario a rajatabla o que hace menos horas de las estipuladas, pero que rinde adecuadamente. Y también tenemos el caso contrario, el de aquellos que se pasan más horas de las previstas en la oficina, pero que no producen y no son capaces de sacar adelante el trabajo encomendado.

Inma Ríos nos recuerda que si no ponemos objetivos claros y nos limitamos a evaluar a nuestros empleados por el número de horas que pasan en la oficina, corremos el riesgo de perder competitividad y, por tanto, rentabilidad. Eso sin olvidar esos estudios que demuestran que a partir de un determinado número de horas dejamos de ser productivos.

Esas horas malgastadas en la oficina se traducen en costes de diverso tipo, tanto económico como personal, porque aumentan las horas extras a la par que la falta de motivación del empleado. Todo ello supone una menor productividad, aburrimiento, fatiga y, lo que es mucho peor, aumenta las dificultades para conciliar la vida familiar y laboral.

No debemos olvidar que al trabajar menos días ahorraremos costes en general (el desplazamiento hacia el lugar de trabajo, las comidas en la oficina…), lo que nos permitirá invertir más en nuestros propios intereses. Incluso podemos contribuir a mejorar el medio ambiente, ya que, por ejemplo, se pasaría menos tiempo en las carreteras o se gastaría menos electricidad al tener las oficinas una menor ocupación. Solo estaría allí el personal imprescindible.

Con las actitudes rígidas de horarios inflexibles, propias del siglo pasado, solo lograremos penalizar la productividad y la cuenta de resultados, porque no olvidemos que la principal obligación de una empresa es ganar dinero. Ganará más o menos dinero en función de cómo organice el trabajo y a sus empleados.

Una de las conclusiones que sacamos de todo esto es que pasar muchas horas en la oficina no se traduce, ni mucho menos, en mayor productividad y rentabilidad. En ocasiones es todo lo contrario porque el trabajador no solo se aburre, sino que ese aburrimiento le lleva a molestar y entretener a los demás y no permite que el resto de los compañeros desarrolle su labor adecuadamente.

Humanizar la tecnología

Nos encontramos en la era del trabajo inteligente, que no es algo del futuro, sino que ya está aquí y que ha llegado para quedarse. Todo está cambiando rápidamente y los lugares de trabajo no iban a ser menos. Hay que dar los pasos adecuados, con tranquilidad y sentido común, teniendo muy en cuenta que las prisas son malas consejeras.

La digitalización está provocando un cambio de concepto porque ya no vale lo de antes, lo de toda la vida. Hay que reinventarse y eso la empresa que quiera triunfar (o al menos subsistir) tiene que tenerlo muy claro.

El mundo de la producción está pasando por una transformación sin precedentes a raíz de la convergencia de tecnologías como la inteligencia artificial, la impresión 3D, la realidad virtual y la aumentada, el Internet de las Cosas y la robótica de última generación. Estas nuevas realidades ofrecen oportunidades para sistemas de producción inteligentes, flexibles y orientados al cliente.

Algunas compañías apuestan firmemente por la innovación y han incorporado a sus centros de trabajo recepcionistas virtuales, gafas inteligentes, soluciones de seguridad o herramientas de reserva de salas de reuniones. Pero no es oro todo lo que reluce. Aunque hay sectores donde se debería aplicar la robotización para conseguir mayor eficiencia, hay otros donde es necesario mantener el factor humano para no perder esa relación personal con nuestro cliente.

El sector bancario destaca en esta cuestión porque ha cambiado completamente la relación con el usuario, habiendo adoptado un sistema multicanal que facilita al cliente interactuar con su sede bancaria a distancia. De esta forma puede gestionar sus finanzas o contratar productos y servicios financieros sin la necesidad de desplazarse a la oficina física.

Se dan casos en los que la apuesta por la robotización es brutal, como ocurre con un hotel japonés, Henn-na, que en 2015 saltó a los medios de comunicación con la intención de convertirse en el hotel más eficiente del mundo. Pusieron robots para atender a los clientes, pero se dieron demasiada prisa y de bruces con la cruda realidad, porque no calibraron los riesgos, y cuatro años después tuvieron que dar marcha atrás.

Estos robots realizaban todo tipo de tareas, desde la recepción hasta trabajar en las habitaciones, con el fin de que la robotización les permitiera a los dueños del hotel lograr la máxima eficiencia imaginable. Pero no ocurrió eso, sino todo lo contrario. A esas máquinas les faltaba el factor humano, esencial para tratar con las personas. Si tenemos en cuenta que visitar un hotel es una experiencia para el huésped, ese factor es imprescindible.

Los huéspedes se quejaban de que los robots eran demasiado lentos y, para más inri, los ronquidos de algunos de los huéspedes «despertaban» a los robots, que consideraban que eran comandos de voz y se ponían en marcha.

Este ejemplo deja claro que no se puede apostar a ciegas por la digitalización, pase lo que pase, sino con calma, analizando las posibilidades que se nos abren y buscando la rentabilidad. Los robots no entienden de sentimientos, pero saben hacer muy bien cosas que los humanos hacemos peor como, por ejemplo, temas de mecanización. Por eso es fundamental tener muy claro qué le encargamos gestionar al talento humano y qué les encargamos a las máquinas.

Meses antes de que se decidiese prescindir de los robots en ese hotel japonés, en Escocia se produjo otro caso curioso. Un robot no fue capaz de superar el periodo de prueba, ese al que nos someten inmisericordemente las empresas cuando nos contratan, porque con el ruido de la tienda no captaba correctamente lo que se le decía. Y, además, como no sabía interpretar los gestos y las actitudes humanas, se ponía demasiado pesado recomendando a los clientes algunos productos y la gente se sentía incómoda y violentada.

Todo esto nos deja claro que hay que seguir apostando por nuestro valor diferencial con respecto a los robots, que no es otro que nuestra humanidad, nuestro espíritu crítico, los sentimientos, las emociones o la sensibilidad. Ahí los robots lo tienen muy complicado no solo para ganarnos, sino simplemente para igualarnos.

Estamos hablando de innovación y no podemos olvidar que esa innovación puede y debe venir de la mano de la tecnología en la mayoría de los casos. Pero también es preciso tener una nueva mentalidad, porque no es comprensible un cambio de dispositivos y de herramientas sin que se produzca a la vez una renovación de las estrategias de la empresa, sus procesos, entornos y métodos de trabajo.

Al principio siempre hay resistencia, por lo que tenemos que lograr superar ese primer obstáculo. Luego ya será más fácil realizar ese cambio dentro de las organizaciones, logrando vencer el miedo a lo desconocido y la resistencia a una transformación que, en ocasiones, no se tiene muy claro si será beneficiosa o no. No obstante, solo hay que fijarse en la competencia o en otras organizaciones de alrededor para comprobar que ellas sí lo están haciendo.

Una buena apuesta para evitar esas primeras reticencias iniciales es humanizar la tecnología, que los trabajadores se sientan escuchados y comprendidos y que se les trasmita la idea de que sus necesidades son muy importantes para la organización. Es la razón por la que todas las herramientas tecnológicas tienen que ponerse al servicio de las personas, en vez de poner a esas personas al servicio de las máquinas. Con ello lograremos mejorar la calidad del trabajo, nuestra relación con el cliente y aumentar la competitividad.

Esta mentalidad se basa en considerar más importantes las cualidades humanas, dejando en un segundo plano la tecnología. La razón es que la inmensa mayoría de las empresas tiene acceso casi inmediato a las tecnologías más punteras, pero otra cuestión más compleja es captar profesionales con el suficiente talento como para ser capaces de sacar el máximo provecho de esas herramientas, innovando y construyendo nuevos modelos de negocio.

El jefe y el líder

El concepto de jefe está desapareciendo a pasos agigantados para dejar espacio al líder. Eso del «ordeno y mando» ya no se estila. Los nuevos trabajadores, los cualificados, no aguantan conductas totalitarias de una persona por el mero hecho de ser el jefe o el dueño de la empresa. O convences a tu equipo o estás perdido. Hay varios tipos de jefes, buenos y malos, para todos los gustos. Quizá los más destacados sean el líder, el intenso, el distante y el pusilánime.

No es necesario que sea un directivo quien lidere de forma exclusiva el cambio o evolución en la compañía, pero sí lo es que él forme activamente parte del proceso. Los directivos son los encargados de fomentar una cultura de cambio y de transmitir este momento disruptivo como algo ilusionante y positivo para todo el organigrama.

El líder es aquel con quien se puede hablar y discrepar y que no solo acepta esa discrepancia, sino que la agradece. Se trata de mejorar los resultados de la empresa y para ello con cuantas más ideas y opiniones se cuente, mucho mejor.

El líder es aquel que asume como propios los errores de su grupo y que deja para los otros los éxitos, premios y halagos. Da mayor libertad a sus empleados porque confía en ellos y estos, a su vez, son más responsables por la confianza depositada.

El líder ya no tiene ego o lo disimula muy bien. Sabe repartir juego entre todos sus subordinados y es lo suficientemente hábil como para lograr que no haya envidias entre los miembros del equipo y, sobre todo, contra él. Es una persona humilde, que sabe que igual que ha conseguido ese puesto puede llegar otra persona y quitárselo; tiene los pies en el suelo y no se le sube el poder a la cabeza. Con una alta autoestima, que es la única manera de dirigir equipos, sabe distinguir muy claramente entre esa saludable autoestima y el nefasto ego.

Se rodea de profesionales más cualificados que él porque es la única forma de avanzar y no tiene miedo de que le hagan sombra; lo que realmente quiere es que le den sombra. Esas son algunas de las características del nuevo líder, aunque no digo que todos las tengan, que cada uno es de su padre y de su madre.

El jefe intenso es dominante y manipulador y quiere saberlo todo y tenerlo todo bajo su férreo control. No es una persona que se preocupe en exceso por la empresa y sus resultados, sino por sí misma, por su situación en la organización y por su promoción profesional. Suele ser excesivamente ególatra, lo que dificulta su relación con sus subordinados e iguales. En cuanto a sus superiores, suele hacerles la pelota, no les quita la razón y les intenta hacer ver que su liderazgo es esencial para la empresa. No es de fiar, es un trepa de libro.

El pusilánime, por su parte, es muy condescendiente y se muestra conformista en exceso. Hace lo imposible para no correr riesgos que puedan poner en peligro su situación en la compañía. Son personas que no tienen cabida en las empresas del mundo digital. Mientras, los distantes o ausentes se especializan en crear barreras con sus subordinados, con una comunicación prácticamente nula. Esos muros que ponen entre ellos y sus empleados erosionan la confianza de estos últimos y les generan ansiedad y escepticismo por la falta de comunicación. Puede resultar complicado identificar a este tipo de jefe, ya que su especialidad es, precisamente, pasar desapercibido. Su efecto negativo en las organizaciones se va acumulando con el paso del tiempo, en muchas ocasiones sin ningún tipo de control. Es considerado el peor de los jefes porque disfruta de los privilegios y recompensas inherentes a su puesto, pero no aporta nada significativo a sus equipos.

Los jefes intensos, pusilánimes y ególatras pueden llegar a hacernos la vida imposible y obligarnos a plantearnos cambiar de empresa a la primera oportunidad. Suelen provocar situaciones incómodas con sus subordinados y las consecuencias para la organización pueden ser nefastas.

Con estos personajes las empresas no solo no aumentan sus beneficios, como sería de esperar con otros profesionales activos y dispuestos, sino que pueden perder contratos, dinero y cuota de mercado. En ocasiones trabajan en grandes organizaciones, por lo que su conducta puede pasar desapercibida o, aunque se detecte, no se considera un tema prioritario y se deja pasar. Lo malo de todo esto es que las consecuencias negativas no desaparecen con el paso del tiempo, sino que se van acumulando hasta que la situación se puede hacer insostenible y no tiene remedio.

Profesiones del futuro

Vamos a ver algunas de las profesiones que tienen toda la pinta de ser exitosas en un futuro a medio plazo. No están todas las que son, pero sí son todas las que están. Hay que tener en cuenta que en el futuro —incluso en el presente— las denominadas profesiones STEM (las que surgen del estudio de carreras de ciencias) tienen magníficas oportunidades. También las de letras, porque harán falta sociólogos, psicólogos, pedagogos, filósofos e historiadores para analizar la ingente cantidad de datos que cada día llegan a nuestros ordenadores.

También seguiremos necesitando comerciales y expertos en venta, que venderán en todos los canales y se adaptarán a la nueva realidad. Igual que los informáticos en todas sus ramas. Los periodistas seguirán existiendo, pero tendrán que redefinir su rol, porque la aparición de las redes sociales o los diferentes canales de comunicación hacen que cualquier ciudadano se pueda denominar periodista y actuar como tal, lo que puede llevar a provocar una importante dosis de incertidumbre en el sector.

Todos podemos tener ciertas reticencias ante la posibilidad de que los robots nos quiten el trabajo. Lo que sí está claro es que la robotización no supone riesgo para actividades como atender un bar o colocar ladrillos, pero sí para otras profesiones en las que los algoritmos pueden ser beneficiosos para la gestión y rentabilidad del negocio. Algunas de las profesiones que parecen tener un buen futuro son las siguientes:

Data science. Es la joya de la corona. Son los profesionales más buscados y mejor retribuidos en estos momentos. Su trabajo consiste en extraer conocimiento a partir de los datos obtenidos para poder responder a las preguntas que se plantean. Es la evolución natural del analista de datos, pero con la diferencia de que este último solo se dedica a analizar datos de una única fuente. El científico de datos explora y analiza datos de múltiples fuentes, a menudo inmensas (*big data*), y que generalmente tienen diferentes formatos. Tiene una gran visión de negocio, que necesita para extraer y transmitir conclusiones y recomendaciones que permitirán tomar decisiones a los responsables de la empresa.

Especialista en *big data*. Gestiona y analiza los datos. Su trabajo permite crear estrategias eficientes para decidir qué objetivos se quieren conseguir y alcanzarlos.

Nanomédico. Todas las profesiones relacionadas con la medicina seguirán teniendo mucho futuro y aparecerán otras especialidades, hasta ahora poco conocidas o totalmente desconocidas, relacionadas con las nanopartículas capaces de reconocer y atacar a células malignas.

Enfermero y auxiliar de enfermería. Los enfermeros seguirán siendo muy demandados. La población cada día vive más tiempo y al llegar a la vejez se necesitan más cuidados. Según los diferentes informes de la Comisión Europea, esta es una de las profesiones donde siempre se produce mayor demanda que oferta y quedan muchos puestos sin cubrir. Los auxiliares de enfermería se encargan de ayudar a los médicos y proporcionan la atención médica básica a los pacientes. Se diferencian de los enfermeros en que los auxiliares no necesitan disponer de un título universitario, sino que será suficiente con aprobar un ciclo de Formación Profesional.

Especialista en *e-commerce*. El comercio electrónico es una realidad que se ha generalizado y es conocida por todo el mundo. Aumentan las tiendas virtuales y se necesitan especialistas que conozcan muy bien este negocio para ayudar a quienes se incorporan a él a moverse en un mundo en el que la competencia es brutal.

***Marketing* digital**. La influencia de estos expertos irá en aumento porque las ventas *online* serán cada vez mayores. Se encargan de generar visibilidad de una marca y llegar a sus potenciales consumidores, la mayoría de los cuales se mueve en el medio digital.

Community manager. Es un profesional experto en el uso de las redes sociales, que gestiona las cuentas de la empresa, ya sea dentro de la propia organización o como contratado externo. Se ocupa de aumentar los seguidores de la firma, escuchar lo que se dice de la compañía en las diferentes redes y, sobre todo, generar notoriedad.

Growth hacker. Un profesional que maneja las diferentes técnicas de mercadotecnia que utilizan la creatividad, el pensamiento analítico y las métricas web y de redes sociales para vender sus productos y ganar exposición.

Ciberabogado. Es una derivada del abogado tradicional, que trabajará especialmente con medios digitales y, sobre todo, será especialista legal en la utilización de estas herramientas.

Desarrollador de aplicaciones de realidad virtual. No solo para videojuegos, que es lo más conocido, sino para las industrias que apuestan por la realidad virtual para innovar en sus diferentes procesos.

Impresión 3D. Los técnicos de esta tecnología ya son capaces de crear todo tipo de objetos, desde órganos humanos hasta casas o coches, por ejemplo. Los diseñadores de órganos humanos tienen un brillante futuro por delante. También contaremos con chefs de impresión 3D, porque ya se fabrican alimentos con estas impresoras, y el sector irá en aumento.

Operario de robots. Los robots ya son una realidad, pero en la mayoría de los casos no son autónomos. Necesitan que existan operadores de robots capaces de supervisar y regular sus funciones.

Atención al cliente. Estos especialistas son fundamentales para ofrecer asesoría a la hora de comprar o utilizar un producto. La experiencia del usuario es esencial y estos especialistas se encargan de mantener un contacto humano y directo entre el consumidor y la empresa.

Ingeniero ambiental. Es una de las ingenierías con más futuro por la concienciación social que existe a nivel global en defensa del medio ambiente. Aquí también podemos agrupar a los especialistas en energías alternativas, que evitarán que se agoten los recursos naturales de los que disponemos actualmente y que no son ilimitados.

Gestor de residuos. La ingente cantidad de residuos que se genera cada día en nuestro planeta es excesiva, sobre todo los sólidos. Su producción masiva obliga a gestionar este tipo de materiales para intentar incorporarlos a la economía circular y lograr una gestión sostenible.

Desarrollador de dispositivos *wearables*. La palabra *wearable* viene del idioma inglés y su traducción significa «vestible» o «llevable». Se refiere al conjunto de aparatos y dispositivos electrónicos incorporados en alguna parte de nuestro cuerpo y que interactúan de forma continua con el usuario y con otros dispositivos con la finalidad de realizar alguna función concreta. Algunos de estos dispositivos son los relojes inteligentes, pulseras que controlan nuestro estado de salud o zapatillas de deportes con GPS incorporado.

Traductor. Muchas personas se cuestionan la continuidad de esta profesión porque cada vez hay más aplicaciones que traducen textos y conversaciones. Pero estos traductores robóticos no parecen ser muy capaces de sentir empatía ni apreciar si quien habla está enfadado o contento ni si está haciendo una broma o no la está haciendo. Traducen las palabras, pero no los sentimientos.

Carpintero y fontanero. Son dos profesiones que van a seguir siendo necesarias. Con el aumento de la construcción harán falta más profesionales que trabajen la madera, tanto en la construcción como en infraestructuras. Será una de las titulaciones de Formación Profesional con más éxito en el futuro cercano. También los fontaneros tienen un magnífico futuro profesional, igual que los mecánicos y soldadores. Se trata de profesiones deficitarias porque no hay suficientes profesionales para cubrir las necesidades del sector. Parece claro que los robots no van a poder con estas profesiones.

Político. Es una profesión que no tiene pinta de desaparecer. No parece probable que en un futuro cercano vayamos a votar a un robot para que dirija nuestros destinos, aunque, visto lo visto con los políticos, ¿quién sabe? Lo cierto es que es complicado imaginarse a unos robots haciendo un debate político, pero nunca se sabe.

Juez. Seguirá siendo necesario que alguien imparta justicia y que ese alguien sea capaz de entender los sentimientos humanos, algo que, de momento, está vedado a las máquinas. Los robots podrán conocer mejor que los humanos el conjunto de las leyes, pero otra cosa es que sean capaces de llegar a un veredicto justo a través de la observación de los detalles, que es parte esencial del trabajo de un juez.

Profesiones sin futuro

Hay profesiones que tienen toda la pinta de que van a desaparecer o quedar en la mínima expresión. Su importancia puede llegar a ser irrelevante y los sueldos que se paguen a sus profesionales no van a ser altos, ni mucho menos.

Si bien es cierto que el empleo evoluciona y ciertos puestos pueden desaparecer, no lo es menos que en la mayoría de los casos no se trata tanto de desaparición como de evolución. En cualquier caso, es esencial anticiparse para que no nos pille desprevenidos.

Frente a la creciente automatización, que va a provocar más de un disgusto a los trabajadores menos cualificados, nos encontramos con profesiones que son importantes porque las habilidades blandas van a tener un papel esencial en la toma de decisiones. Sin embargo, hay profesiones que lo van a tener muy difícil para subsistir, al menos como las conocemos actualmente. Estas son algunas de ellas:

Administrativos y oficinistas. Una gran cantidad de las empresas funcionarán totalmente de forma virtual en un futuro a medio plazo. No serán demasiado necesarios los profesionales encargados de atender llamadas, coger recados, gestionar documentos o atender a las visitas.

Trabajos de fabricación y producción. Se trata de labores que, en muchos casos, serán realizadas por robots, que pueden trabajar las veinticuatro horas del día, los siete días de la semana, sin vacaciones. Son trabajos repetitivos, para los que el robot está especialmente indicado.

Trabajadores de supermercados. Los cajeros pueden tener los días contados porque el propio consumidor escanea el producto y realiza el pago. Pero no son los únicos profesionales de este sector con problemas de futuro, porque ya hay supermercados en periodo de pruebas sin personal. En este caso, el cliente se identifica al entrar y dispone de un carrito virtual, en el que va añadiendo todos los productos y al salir lo paga todo.

Cajero de banco. Los usuarios utilizan cada vez más la banca *online*, por lo que los servicios de estos profesionales son cada día menos demandados. La banca va a experimentar uno de los mayores cambios porque a la revolución tecnológica se une la aparición de otros actores como Google, Facebook o Amazon, que tienen en el *big data* un impagable aliado.

Operador de *telemarketing*. Están siendo sustituidos gradualmente por medios de atención automática. Algunas compañías especializadas en procesamiento del lenguaje natural han llevado a cabo estudios sobre los programas que simulan mantener una conversación con una persona al proveer respuestas automáticas a entradas hechas por el usuario. Estos *chatbots* influirán en los servicios de atención al cliente de las empresas. Estos estudios concluyen que los humanos no tenemos demasiado futuro en este sector.

Cartero. Es una de esas profesiones que no se sabe muy bien cómo acabarán. Es cierto que cada día se envían menos cartas, lo que nos podría hacer pensar que van a desaparecer. Sin embargo, también cada día se envían más paquetes, por lo que seguirán siendo necesarios, aunque sus condiciones de trabajo seguramente cambiarán.

Agricultores. Es una profesión que ha ido disminuyendo radicalmente desde la primera revolución industrial. Seguirá la misma tendencia descendente debido a los procesos de trabajo, que cada día son más eficientes, con máquinas que van remplazando paulatinamente a los trabajadores. A esto se añade que se trata de una profesión que no le gusta a la gente joven, que prefiere dedicarse a temas digitales.

El empleo precario

La nueva economía nos ha llevado a una serie de empleos que no parecen disponer de derechos laborales. Los denominados *riders*, que trabajan para plataformas como Uber, Glovo o Cabify, entre otras, son un nuevo elemento que no está legislado. Aunque no son los únicos.

Los sindicatos se han mostrado totalmente en contra de esta situación, aunque muchos de estos trabajadores se encuentran a gusto porque trabajan cuando quieren. Ellos no tienen un jefe, sino un algoritmo que les oferta un trabajo, por el que cobran cuando lo realizan. Generalmente disponen de la posibilidad de rechazar el encargo. Son trabajadores que ganan diez o quince euros a la hora jugándose la vida, porque tienen que ir deprisa a todos los sitios para hacer cuantos más encargos mejor. Todo lo contrario de lo que ocurre con otros más cualificados, como los programadores informáticos, por ejemplo, que pueden llegar a los 150 euros por hora y que trabajan sentados, tecleando desde su despacho o desde su casa.

Así, mientras algunos de estos trabajadores y los sindicatos denuncian que se trata de falsos autónomos, subcontratas, eventuales y subcontratas de subcontratas, otros trabajadores se muestran totalmente satisfechos con esta situación, que les permite organizarse a su aire. El falso autónomo es aquel profesional que trabaja con una relación de dependencia y en exclusiva para una empresa, de la misma forma que lo haría un trabajador por cuenta ajena. En el caso del falso autónomo nos encontramos con un trabajador por el que la empresa no cotiza ni tampoco recibe nómina mensual ni los beneficios que vienen aparejados a un contrato por cuenta ajena.

Hay cuestiones que no están resueltas como las bajas laborales, las bajas por accidente o los gastos médicos y hospitalarios cuando sean necesarios, aunque alguna de estas plataformas ha contratado un seguro para estas eventualidades. Tampoco hay un salario mínimo, pago de horas extra o desempleo, porque son los propios trabajadores quienes deciden cuándo trabajan.

La tecnología está permitiendo sustituir formas más o menos estables de empleo por otras más atípicas. Esto se debe a que el verdadero impacto de las plataformas digitales está en la posibilidad de identificar el momento preciso en el que se produce la demanda de ese servicio y, en pocos segundos, unirla con un profesional que atenderá esa petición. Al final, en estos casos, el algoritmo es el que manda.

La economía digital

En la actualidad podemos llamar digital como segundo nombre a casi todo, ya sea vida digital, sueño digital o economía digital. Esta última también es conocida como «nueva economía», «economía de Internet» o «economía web», debido a que las tecnologías de la información y la comunicación (TIC) proporcionan todo lo que sea necesario para procesar, almacenar y distribuir la información a través de varios soportes o dispositivos tecnológicos. El nombre y el concepto de nueva economía tienen sus orígenes a finales de la última década del siglo XX, dados a conocer en el libro más vendido en 1995, *La economía digital: promesa y peligro en la era de la inteligencia en redes*, del autor Don Tapscott. *La economía digital* fue uno de los primeros libros que muestran cómo Internet puede cambiar el modo en el que se hacen los negocios. Fue cuando nos dimos cuenta de que la tecnología había llegado con la intención de quedarse entre nosotros e inundarlo absolutamente todo. Comprendimos que la economía iba a cambiar radicalmente, aunque no supimos intuir la verdadera velocidad del cambio, mucho mayor de lo esperado.

Hasta tal extremo se ha integrado en nuestras vidas que esa realidad empresarial que era la economía digital podríamos decir que ha dejado paso a la ECONOMÍA, con mayúsculas, porque ya no hay diferencias entre el llamado «mundo real» y el «mundo virtual». Ahora todo es uno, como demuestra el uso masivo de Internet, que nos permite el acceso a las redes sociales, aplicaciones y un sinfín de posibilidades que harán más fácil hacer negocios. Esta economía cuenta con tres componentes principales: la infraestructura digital; el *e-business*, referido a los procesos digitales empresariales; y el *e-commerce*, que es la compraventa de bienes y servicios a través de Internet.

Esto ha supuesto una impresionante repercusión sobre el crecimiento económico y ha provocado la aparición de nuevas empresas que basan su razón de ser en el mundo digital y que lo empiezan a acaparar casi todo. Esta digitalización ha contribuido a la creación de empleo de calidad. Los más optimistas piensan que cada nuevo empleo de trabajo digital será capaz de generar entre dos y cuatro empleos en otro sector de la economía, con salarios por encima de la media. Pero que esto no nos haga olvidar que para lograrlo hay que formarse y adaptarse a la nueva situación. Aun así se perderán millones de empleos, generalmente de baja cualificación.

Esta nueva economía se basa en el conocimiento, que potencia y premia la información, las habilidades, las destrezas y la experiencia de las personas. Todo ello sirve para generar valor. Esto significa que si bien es importante la propiedad física, lo es mucho más el conocimiento práctico, lo que cotidianamente se denomina en inglés *know-how*. Por este motivo a muchos de los trabajadores se les denomina «trabajadores del conocimiento».

Otro de sus factores diferenciales con respecto a otras épocas del pasado es la comunicación permanente de los trabajadores por diferentes medios tecnológicos, lo que facilita una mayor integración de todos ellos en el proyecto empresarial, sin olvidar en ningún momento la innovación, que es la clave para impulsar esta economía, que se basa en la mejora constante de los diferentes procesos, productos o servicios que se ofertan al consumidor. Y precisamente la atención al consumidor se ha convertido en el eje central de toda esta actividad, ahora que el consumidor tiene mayor capacidad de decisión porque sus posibilidades de informarse sobre la calidad del producto y el precio en cualquier empresa de la competencia han aumentado exponencialmente.

Y todo ello nos lleva a la economía de la inmediatez, al «aquí te pillo, aquí te mato» o, lo que es lo mismo, «me gusta este producto que he visto mientras trasteaba con el móvil e inmediatamente lo compro». La compra por impulso vive sus años dorados. Décadas atrás comprar un producto podía llevarnos semanas, ya que había que buscar el producto y luego comparar con otras tiendas porque queríamos conocer calidades y precios. Lo que sí se ha perdido es el regateo, puesto que hace años ibas a una tienda y tenías la posibilidad de que te bajasen el precio. Ahora esto no se produce porque los márgenes son muy estrechos y porque nadie regatea: prefiere mirar directamente en la competencia y luego decidir.

Esta compra al momento, aprovechando el impulso del comprador, es una prueba de las ventajas de la comunicación instantánea y la globalización, que nos permiten comprar algo en otro país y recibirlo en nuestra casa en muy poco tiempo.

Todo ello nos muestra algunas de las ventajas que provoca esta nueva situación, como que obliga a los gobiernos a facilitar mejores servicios a los ciudadanos en materia de transparencia, mientras que los consumidores acceden cada vez a mayor información. Las empresas se ven obligadas a mejorar su eficiencia en los diferentes procesos productivos, reduciendo a la vez los costes de las transacciones. Y si damos un paso más nos encontramos con los beneficios de esta nueva economía para el futuro de nuestro planeta, porque el medio ambiente se ve beneficiado no solo por una mayor concienciación de la sociedad, sino también por la acción de esta economía digital. Solo con pensar en la cantidad de bosques que no se talan porque cada vez se usa menos papel podemos hacernos una idea de los beneficios que provoca.

Pero no todo son alegrías, porque la brecha digital es inmensa. Más de la mitad de la población mundial no participa de forma activa en esta economía, lo que, unido a la rápida evolución que experimentan las tecnologías, puede ponernos en un escenario donde la mitad de los seres humanos están condenados a la ignorancia y la pobreza por la ausencia de oportunidades para mejorar sus vidas.

En realidad no estamos hablando de una brecha, sino de varias muy bien diferenciadas, porque la principal brecha se plantea cuando nos referimos al acceso a los ordenadores, pero luego está la variedad e intensidad del uso de esa tecnología, teniendo en cuenta, además, si nos estamos refiriendo a usuarios primarios o avanzados. Demasiadas brechas en este nuevo mundo.

Lo que sí está logrando esta digitalización es la desaparición de las fronteras, con lo que surgen nuevos actores en todos los sectores, que se convierten en competidores. Pero no es solo la competencia, porque aparece otro factor esencial: la colaboración. Esta colaboración se produce gracias a la disponibilidad y conectividad de los datos del cliente, lo que permite conocerle mejor y llegar más fácilmente a entender sus necesidades, preferencias y gustos. Ese cliente de hoy en día está cambiando y las empresas, sean del tamaño que sean, no tienen más remedio que adaptarse a una situación donde ya no existen limitaciones espaciales, temporales ni sociales.

Esta economía digital cuenta con algunos riesgos, como la concentración de todo el poder económico en unas pocas empresas, que, además, por regla general no tienen ni treinta años de existencia. La nueva situación tiende a aumentar el tamaño de las compañías, lo que hace mucho más difícil la subsistencia y el crecimiento de las medianas y pequeñas. A mayor concentración, menos competencia y los beneficiados de esta situación son los grandes actores del mercado, no los otros. Estas empresas son las personas que trabajan en ellas, ni más ni menos, por lo que sus resultados serán mejores o peores en función de cómo seamos capaces de desarrollar el talento digital desde dentro de la organización.

Pero no basta con esto, sino que hay que ser capaces de interiorizar la nueva situación. Muchas compañías consideran que la digitalización es un medio para lograr mayor eficiencia y recortar costes, en lugar de verlo como una ventaja para adaptarse a las demandas del nuevo cliente, más exigente, y aumentar las ventas y el número de usuarios. La diferencia entre el triunfo y el fracaso la encontramos en la forma de interiorizar la situación.

Habilidades blandas y duras

Hemos de adquirir nuevos conocimientos no solo en aspectos técnicos relacionados directamente con nuestra profesión, sino de forma transversal en comunicación, competencias TIC, idiomas y otros. Porque el trabajador no solo necesita tener excelentes conocimientos en su ámbito de trabajo, también debe poseer otras competencias que le ayuden a desarrollar su profesión para alcanzar sus expectativas.

Las empresas dan cada vez menos valor a la formación de sus trabajadores y mucho más a las competencias y habilidades. No es que se considere poco importante su formación, ni mucho menos, pero esas otras habilidades son las que marcan la línea que separa la excelencia de la mediocridad tanto en la empresa como en el trabajador.

Se buscan habilidades transversales, que no se suelen enseñar en las universidades. Son las denominadas habilidades blandas (*soft skills*), que no se basan en conocimientos ni en habilidades técnicas, sino en capacidades de comunicación, seducción, liderazgo o comerciales. Todo ello, unido a la habilidad multidisciplinar, la capacidad de reciclarse y el autoaprendizaje, es lo que permitirá tomar las decisiones adecuadas en el momento oportuno, con flexibilidad para ser capaces de trabajar en diferentes puestos.

Lo cierto es que es más fácil encontrar personas con grandes conocimientos en sus áreas de trabajo que encontrar profesionales con habilidades blandas, esas que marcan la diferencia. Es un problema que sufren de forma especial los reclutadores que tienen que encontrar personal cualificado que sepa manejarse profesional y socialmente en el entorno en el que se le necesita.

Se busca personal que tenga buena comunicación, sepa trabajar en equipo, bien organizado, puntual, creativo, sociable, fácil de adaptarse, con personalidad amigable y con pensamiento crítico, principalmente. Lógicamente, hay sectores para los que este tipo de habilidades son más importantes que para otros, como es el caso de los restaurantes, ventas al por menor, recursos humanos y todo lo relacionado con el trato directo con el público y también con los compañeros de trabajo. En otras, sin embargo, estas habilidades blandas no son tan demandadas ni necesarias, como ocurre en el campo de la música, la arquitectura, el diseño gráfico, la industria audiovisual o el derecho.

Las habilidades duras son principalmente los conocimientos técnicos que nos permiten desarrollar nuestro trabajo de forma adecuada, mientras que las blandas nos ayudan a interactuar eficazmente con otras personas. Porque está claro que las habilidades duras aportan soluciones a los problemas técnicos, pero una crisis en un momento dado no se resuelve exclusivamente con la técnica, sino con la capacidad de comunicarnos, tener empatía y mostrarnos carismáticos en esos momentos difíciles.

Estos cambios de percepción de las necesidades de las empresas han obligado a muchas a adaptarse y facilitar a todos sus empleados cursos de formación, independientemente de la escala laboral en la que se encuentren. Son habituales cursos de carisma y empatía, hablar en público, liderazgo, negociación o administración del tiempo, donde se aprende a diferenciar entre lo importante y lo urgente, a identificar las horas del día más productivas, gestionar eficazmente la carga de trabajo o tener una clara visión de objetivos a corto, medio y largo plazo. Todas ellas son muy importantes para un adecuado desarrollo de las actividades laborales y de la consecución de los objetivos marcados por la dirección.

Porque precisamente la dirección valora especialmente la capacidad de trabajar en equipo, ser capaz de adaptarse a diferentes escenarios, mantener una actitud positiva en la oficina, ser proactivo o poseer un buen nivel de comunicación.

Cada investigador de estos temas tiene una opinión diferente de cuáles son las principales habilidades blandas, aunque hay algunas que aparecen en todas las listas. Podríamos decir que la comunicación y la escucha activa son parte esencial, porque no se trata solo de escuchar, sino de que nuestro interlocutor perciba que le estamos atendiendo y que entendemos lo que nos dice, y eso se logra siguiendo el hilo de la conversación y haciendo comentarios o preguntas pertinentes durante la interacción.

Importantes son también el liderazgo y la responsabilidad. El primero nos permite ser valorados por nuestro entorno y generar soluciones eficientes a los problemas que se plantean cada día. El liderazgo como mejor se muestra y rentabiliza es dando ejemplo: si queremos que trabajen duro nuestros colaboradores, nosotros tenemos que ser los primeros en hacerlo. El liderazgo lleva a la responsabilidad, que consiste en hacerse cargo de las situaciones que se nos presentan no solo cuando las cosas van bien, sino también cuando hay problemas que afrontar y riesgos que asumir. Esto nos permitirá fomentar el trabajo en equipo, que es esencial en cualquier organización.

Todo ello sin olvidar un concepto que no se entiende claramente hasta que nos lo explican porque, aunque lo escuchemos, nunca pensamos en ello. Nos referimos a la puntualidad, que no consiste en llegar a la hora a la oficina, que también, sino en entregar el trabajo en el plazo comprometido.

Al final todo esto se podría reducir en el carisma y la empatía, que, bien manejados, nos permiten triunfan en los entornos en los que nos movemos. La persona carismática es aquella en la que otros confían, a la que siguen y por la que están dispuestos a luchar en mayor o menor grado.

Una persona puede llegar a ser carismática en apenas dos meses; solo tiene que proponérselo y trabajar para lograrlo. Un día aprenderá a sonreír; el otro, a escuchar activamente; al siguiente, a dar la mano; y así sucesivamente. Todo ello se basa en la comunicación —tanto verbal como no verbal y paraverbal—, la primera impresión, el apretón de manos, iniciar y mantener una conversación, nuestra presencia, poder, humanidad y sentido común.

La comunicación verbal es todo lo que decimos, también lo que escribimos en una carta, *e-mail* o cualquier sistema de mensajería instantánea. La no verbal la transmitimos con nuestra forma de vestir, de movernos, nuestros gestos, la expresión de la cara, etc. También en nuestros *e-mails* con la firma: si lleva logotipos, colores, mucho o poco texto, etc.

La paraverbal es cómo enfatizamos nuestra voz y cómo utilizamos los silencios. Todo ello unido nos permite ser buenos o malos comunicadores, algo esencial para lograr ser carismáticos.

Para triunfar tenemos que ser capaces de iniciar una conversación, generando una buena primera impresión. Es cierto que si esa primera impresión es mala puede cambiarse con el paso del tiempo o incluso en esa primera interacción, pero mejor dar una buena impresión ya de entrada. Cambiar una mala percepción de nosotros puede llevar años o incluso no lograrse. Para ello es importante, por ejemplo, saber estrechar la mano y mantener la mirada firme mientras saludamos, tanto al conocernos como al despedirnos. Son pequeñas técnicas que utilizaremos en nuestro día a día.

Hay más cosas que se pueden hacer poco a poco, sin prisa, pero sin pausa. Puedes encontrar más información al respecto en nuestro libro *Carisma y empatía* o en las conferencias que impartimos en diferentes puntos de España.

Epílogo

En los últimos años he hablado con más de 10.000 pymes. Todas tienen su historia, pero solo las que han sabido adaptarse han salido adelante. A algunas la tecnología se las ha llevado por delante.

¿Realmente estamos preparados para sacar partido a todo el potencial de la Cuarta Revolución Industrial? Estamos hablando de una revolución digital imparable.

¿Qué es lo que hace diferente a esta revolución de las anteriores? La unión entre lo físico y lo digital, que permite una interconexión permanente. Y esto puede ser bueno o malo, según cómo afrontemos la situación y si nos damos cuenta o no de los cambios que se avecinan.

Eso le ocurrió a Isabel, que a sus 48 años vive en su Sevilla natal. Durante años trabajó en Viajes Marsans y en 2003 decidió montar su propia agencia de viajes, pero no lo supo ver: no se dio cuenta de la que se avecinaba hasta que fue demasiado tarde. Pidió créditos del ICO y contrató a tres personas. La aparición de los buscadores especializados en encontrar la mejor oferta acabó con su negocio. En 2013 tuvo que cerrar. Ahora trabaja como guía turístico en Sevilla, una ocupación en la que no parece probable que vaya a ser reemplazada por algoritmos o máquinas, al menos a corto plazo.

Siempre que se ha producido una revolución industrial lo primero que ha surgido es el miedo a perder el trabajo. Eso es lo que pasó con Isabel, que no ha tenido más remedio que adaptarse a la nueva situación.

Estamos inmersos en plena revolución tecnológica, que ha modificado y seguirá modificando la forma en que vivimos, nos relacionamos y trabajamos. Son unos cambios que no se parecen en nada a cualquier otro experimentado anteriormente por la humanidad. Cuando se descubrió el fuego, ese cambio fue gradual, mientras que ahora, con esa cuarta revolución, los cambios se producen de un día para otro. La velocidad de vértigo, el impacto en los sistemas y el alcance de estos cambios no tienen precedentes.

Haciendo un poco de memoria, recordamos que la primera revolución industrial, que supuso el cambio de la producción manual a la producción mecanizada, se produjo entre 1760 y 1840. La segunda ocurría en el periodo 1850-1870, estuvo marcada por la aparición de la electricidad y supuso que se pasase a la manufactura en masa. Ya a mediados del siglo XX se produce una tercera revolución con la aparición de la electrónica y las nuevas tecnologías de la información y las comunicaciones.

Ahora llega la cuarta revolución, que se basa en la automatización de ciertos procesos y en la organización de los diferentes medios de producción con la convergencia tanto de tecnologías digitales como físicas y biológicas. En esta cuarta revolución industrial la tecnología se pone del lado de los trabajadores para conseguir un entorno laboral más seguro, cómodo y versátil para estos.

Esta revolución da paso a lo que denominamos industria 4.0, un término que surgió en Alemania con el objetivo de hacer referencia a la cuarta revolución industrial, en la que estamos sumergidos. Supone un salto cualitativo en la organización y gestión de la cadena de valor, donde las relaciones comerciales y productivas conllevan una constante conexión entre cliente, proveedor, distribuidor, logística y fabricante.

Digitalización e industria 4.0 van de la mano, lo que supone la aplicación a escala industrial de sistemas automatizados. Cuatro palancas permiten ilustrar el grado de transformación del que ya estamos siendo testigos: automatización, acceso digital al cliente, conectividad e información digital.

Una buena apuesta para evitar esas primeras reticencias iniciales es humanizar la tecnología, que los trabajadores se sientan escuchados y comprendidos y que se les transmita la idea de que sus necesidades son muy importantes para la organización. Es la razón por la que todas las herramientas tecnológicas tienen que ponerse al servicio de las personas, en vez de poner a esas personas al servicio de las máquinas. Con ello lograremos mejorar la calidad del trabajo, nuestra relación con el cliente y aumentar la competitividad.

Esta mentalidad se basa en considerar más importantes las cualidades humanas, dejando en un segundo plano la tecnología. La razón es que la inmensa mayoría de las empresas tiene acceso casi inmediato a las tecnologías más punteras, pero otra cuestión más compleja es captar profesionales con el suficiente talento como para ser capaces de sacar el máximo provecho de esas herramientas, innovando y construyendo nuevos modelos de negocio. Se da la paradoja de que ahora mismo hay mucho paro y mucho trabajo sin cubrir. Se inventan los nuevos trabajos y otros desaparecen o desaparecerán en un futuro cercano.

Para no ahogarte en este proceso tienes que intentar visualizar tu futuro profesional, tratando de adivinar cómo será esa sociedad del futuro para adaptarte a ella. El siguiente paso es analizar las profesiones emergentes y las tendencias del mercado, porque no te queda más remedio que analizar y plantearte si la profesión que has elegido tiene futuro o no lo tiene.

Estos cambios no son coyunturales, sino estructurales. Desde la forma de trabajar hasta el concepto. Por ejemplo, la diferencia entre el jefe y el líder, porque ya no se trata de mandar, sino de liderar. Se hace necesario comunicar adecuadamente y generar credibilidad, mostrando siempre respeto hacia los otros y alabando su esfuerzo y dedicación y con la puerta del despacho abierta para todo el mundo, en el caso de que ese líder tenga despacho, porque lo habitual es que esté en una mesa como el resto de los trabajadores, al menos en las nuevas empresas, generalmente *startups*.

Personalmente, he aprendido más de los malos jefes que de los buenos. Hay que saber manejarles con mano izquierda y levantarse cuando te ponen la zancadilla. Siempre con una sonrisa, que no vean que te duele la caída, porque se van a ensañar contigo. Además, siempre que puedas intenta huir de ellos. Yo tuve una experiencia hace años que me enseñó a darme la vuelta cuando veía a uno de esos jefes tóxicos, que suelen buscar que se les reconozca aunque no hagan nada ni adopten las decisiones que sean necesarias, aunque puedan ser duras.

Y hay que ser capaz de enfrentarse a lo que haga falta. Eso ocurrió con Lee Iacocca en 1980. Cuando fue contratado por Chrysler para salvar la empresa, que estaba en las últimas, tuvo que despedir a miles de trabajadores y cerrar fábricas. Para lograrlo y explicárselo a todo el mundo puso el ejemplo de un hospital de campaña donde llevan más heridos de los que los médicos pueden atender. El personal sanitario tiene que decidir a cuáles atiende y a cuáles no. Lógicamente, se ocupan primero de aquellos que tienen más posibilidades de salvar la vida. Al resto les dan cuidados paliativos. Esto hizo con sus fábricas: salvó las que pudo, sabiendo que no podría salvar a todo el mundo. Su acierto, además de la gestión empresarial, fue la gestión de la comunicación.

No obstante, es seguro que Lee Iacocca no se salvó de los clichés que acompañan a todo directivo. Los despedidos seguro que pensaron que no merecía lo que ganaba aunque fue contratado por un dólar al año. Lo del dólar al año fue un buen ardid, que pretendía transmitir su confianza en la empresa en un momento en el que Chrysler negociaba su complicada situación con el Gobierno en busca de ayuda. Después se convertiría en el presidente de empresa mejor pagado de aquellos años.

Esa capacidad de comunicación, seducción, liderazgo o comercial es esencial tanto para el directivo como para el trabajador de base. Esto significa manejar adecuadamente las habilidades blandas como hace Luis, un vendedor de coches que está en el concesionario, enseñando los vehículos al cliente. Lo primero que tiene Luis muy claro es que no es él quien vende un coche, sino el cliente quien lo compra, quien toma la decisión. Sabe que, cuando el cliente va a verle, en el sesenta por ciento de los casos ya tiene decidido el modelo. Va a negociar un mejor precio o algún regalo extra. Luis conoce a la perfección cómo funcionan todos los coches que vende, pero él no vende los coches por su conocimiento técnico, sino por el clima de cordialidad y carisma que genera con sus clientes. Consigue que confíen en él y así cierra la venta. Su sonrisa tiene buena parte de la culpa y su conocimiento general de la comunicación verbal, no verbal y paraverbal, la otra parte.

A estos trabajadores, que no siempre son ni tienen por qué ser digitales, se los rifan las empresas porque dominan el arte de localizar la información, interpretarla y gestionarla adecuadamente. Aquí el uso de algunas redes sociales, principalmente LinkedIn, es esencial. Las otras redes, en función del tipo de negocio de que se trate, también pueden ser importantes.

Y si las empresas se rifan a Luis deben tener claro que el dinero es importante, pero estar a gusto en la empresa es fundamental. Si Luis es un trabajador muy cualificado, joven, de menos de treinta años, hay muchas posibilidades de que no aguante en la empresa más de dos o tres años. Estos *millenials* son difíciles de contentar y a la primera de cambio se marchan de la compañía. Muchas veces ni siquiera tienen una oferta, solo quieren cambiar, hacer algo diferente. Son especialistas a la hora de adaptarse, pero eso también lo hacen las personas de más edad. Solo hay que saber aprovechar el momento. Y esto vale tanto para la empresa digital como para la tradicional.

Hace un año, en agosto, paseando por la Puerta del Sol de Madrid, con casi cuarenta grados y un sol de justicia, vi a un comerciante chino vendiendo sombrillas. Se las quitaban de las manos, sobre todo los turistas. Seis meses después, en pleno diciembre, volví a pasar por allí. Estaba lloviendo a cántaros y allí estaba el mismo vendedor con el mismo producto, pero en esta ocasión lo que estaba vendiendo no eran sombrillas, sino paraguas. También se los quitaban de las manos. No tuvo que cambiar ni adaptar el producto a la nueva realidad: solo cambió su mensaje.

Probablemente, este comerciante no será uno de esos trabajadores que van a cambiar de empleo varias veces en su vida profesional. De empleo y de profesión. Los jóvenes, por su parte, son los que más abiertos están a cualquier posibilidad y siempre se suelen mostrar dispuestos al cambio.

Cualquier trabajador debería tener muy presente que es probable que cambie de empleo, incluso de profesión, varias veces a lo largo de su vida laboral, incluso en otros sectores; por eso está abierto a nuevas opciones y no rechaza el cambio. Se adaptará a una nueva realidad, que implica que unos trabajadores estarán dentro de la empresa y otros fuera de ella. Los primeros formarán parte del núcleo duro de la compañía, con muy buenos salarios porque trabajarán en exclusiva para la firma. Los segundos estarán contratados por un periodo de tiempo determinado o por proyectos y podrán trabajar para varias empresas simultáneamente. En medio nos encontraremos con esos otros trabajadores, generalmente no cualificados, con bajos salarios; estarán dentro de la estructura de la empresa, pero serán totalmente prescindibles.

Muchos de los triunfadores del futuro se habrán formado en carreras de ciencias, las denominadas STEM, pero no todos, porque algunas de las carreras de letras también tendrán magníficas salidas laborales relacionadas con el mundo de la tecnología. Aunque en el segundo de los casos a los padres les cuesta más aceptar esta realidad cuando sus hijos les dicen que quieren estudiar Psicología o Filosofía, por ejemplo.

Eso ocurrió en mi casa. Mi hija Elena estudia Filosofía. Cuando me dijo que quería hacer esa carrera se me llevaron todos los demonios, pero como es lo que ella quiere la apoyé. Además, me he informado y resulta que las empresas necesitan diferentes perfiles humanistas. Lo de los sociólogos, psicólogos y demás ya lo sabía, pero nunca me había planteado el tema con los filósofos hasta que mi hija decidió estudiar esa carrera. Resulta que son ellos los encargados de plantear cuestiones sobre cómo afecta la tecnología al comportamiento humano o los límites entre la ética y la tecnología y de plantear las preguntas que luego se responden a través del *big data*. Así que quizá yo estaba equivocado —seguro que sí— y mi hija tendrá una buena salida profesional.

¿Serán quizá los filósofos los que nos digan cómo adaptarnos a la tecnología? Quién sabe. Lo que parece claro es que tendremos que adaptarnos, pero eso no implica que llenemos nuestra vida privada o profesional de tecnología. Solo será necesario que utilicemos los medios necesarios, que quizá ya los tengamos y solo haya que usarlos adecuadamente.

Eso ocurre en Madrid, por ejemplo, en una panadería «rodeada» de cuatro colegios. A la hora del recreo los alumnos van todos a la vez. Imaginemos al pobre panadero, cada noche, pensando en lo que le esperará al día siguiente: todos los alumnos gritando, a empujones, queriendo sus bocadillos, y él sin tiempo para preparárselos a todos y corriendo el riesgo de perder un dedo o algo más por las prisas y los nervios con los que maneja el cuchillo. Perdería clientes y salud por el estrés. Él tiene sesenta años, no sabe nada de tecnología. Pero su hija, de veinte años, decide tomar cartas en el asunto y le propone hacer un grupo de WhatsApp para que los alumnos puedan pedir sus bocadillos con tiempo suficiente de ir a recogerlos sin agobios. Además, el ochenta por ciento de los chavales paga con PayPal. Cuando llegan, recogen su bocadillo, que el panadero ha preparado con tranquilidad, y se marchan.

Esto demuestra que esta transformación digital no consiste en llenar la empresa de tecnología. En realidad, el panadero sigue utilizando el mismo teléfono móvil, aunque aprovecha las ventajas de la tecnología. La inversión en este caso ha sido mínima y el resultado magnífico no solo para el negocio, sino sobre todo para la salud mental del pobre panadero, que ya no tiene pesadillas por las noches.

En otras ocasiones decidimos utilizar la tecnología no para mejorar nuestros procesos, sino para abrir nuevos negocios. Por ejemplo, en Amazon, donde numerosas personas han ganado mucho dinero vendiendo todo tipo de productos y otras muchas han perdido hasta la camisa intentando vender algo que no era rentable. Por eso la primera reflexión tiene que llevarnos a la conclusión de no invertir más de lo que nos podemos permitir perder.

En 2018 en nuestra familia, los Romero Nieva, decidimos montar una tienda en Amazon. Nos íbamos a forrar. Tuvimos que buscar un producto que pareciese rentable y, después de muchos análisis, nos decidimos por un mapa de rascar. Miramos precios y comprobamos que en España era imposible fabricarlo por los costes. Nos decidimos por China. Conseguimos una muestra en dos proveedores diferentes y elegimos a uno de ellos.

Para probar y no correr excesivos riesgos encargamos doscientas unidades. La idea era ver cómo iban las ventas y cuando estuviesen prácticamente todos vendidos encargar 2.000, luego 4.000 y así sucesivamente. Después de muchas gestiones burocráticas y tras pagar envíos, costes y demás llegaron los mapas. En agosto estaban ya en la tienda, en Amazon. Había que hacer una campaña de comunicación en prensa y redes y se hizo.

Empezamos a vender. En octubre comprobamos que solo se habían vendido ochenta mapas, ni siquiera uno por día. Para que fuese rentable habría que haber vendido cien al día. Decidimos que en enero cerraríamos la tienda, una vez que se hubiesen vendido todos los mapas, porque era seguro que se iban a vender en Navidades y Reyes.

Pero surgió algo, porque el mapa venía protegido dentro de un cilindro y ese cilindro tenía un dibujo. Lo cierto es que no era un dibujo cualquiera, sino un logotipo con propietario. El dueño, que vivía en Londres, mandó una queja a Amazon, que nos informó de la situación. A los pocos días la plataforma nos había cerrado la tienda. Son muy estrictos con todo. Nos juntamos en el pasillo de la entrada de casa con 120 mapas, sin saber qué hacer con ellos. Perdimos 6.000 euros, pero aprendimos la lección y aprovechamos sus enseñanzas.

Tras la experiencia escribimos un libro, *Vender en las plataformas digitales*, explicando cómo debe ser todo el proceso, las dificultades que nos podemos encontrar y las mejores maneras de sortearlas. Por supuesto, contamos nuestra experiencia, nuestro fracaso, que es lo que le da gracia a la historia. Además, Esther, Miriam y Juanma padre impartimos conferencias sobre el tema en diferentes foros. Está claro que perdimos dinero, bastante dinero, pero nos aprovechamos de la situación para buscar alternativas. Y aunque a nadie le gusta perder dinero, lo cierto es que no fue una tragedia, porque solo perdimos lo que nos podíamos permitir perder.

Esto que a nosotros nos pasó en menor grado ha ocurrido a gran escala durante las últimas décadas a muchas empresas, que han invertido en negocios inviables o que no han sabido adaptarse a la realidad. Es sintomático el caso de Kodak, que dominó las películas fotográficas en el siglo XX y desarrolló la fotografía digital, pero para no perder su negocio tradicional no apostó claramente por ella. Otras empresas sí lo hicieron y el resultado se vio en su cuenta de resultados cuando no fueron capaces de afrontar la nueva situación.

Situaciones que nos llevan a pensar en la cortedad de miras de algunos dirigentes empresariales como los directivos de Blockbuster, que en 2010 se declaró en bancarrota porque no supo ver lo que venía. Eso de permitir que todo el mundo vea todo el vídeo que quiera por una cuota mensual en su propio dispositivo les sonaba a chino. Claro que ahí estaban los de Netflix para demostrar el éxito de este modelo de negocio. También en el campo de vídeo doméstico, Betacam perdió el mercado de cintas y reproductores frente a VHS. Ahora ya da igual porque este mercado doméstico ha dejado de existir por el uso otros formatos de grabación y, sobre todo, por el alojamiento en la nube.

En otras ocasiones los fracasos vienen por circunstancias que no se pueden evitar, como le ocurrió a Pan Am. Con la crisis de 1971 apostó por la compra de aviones en vez de reducir sus costes. Se invirtieron cientos de millones de dólares, pero el atentado de Lockerbie, que costó más de doscientos muertos sin ser culpa de la compañía, supuso una crisis económica y de reputación de la que no se pudo recuperar. Al final se trata de ir adaptándose a las nuevas necesidades, excepto cuando surgen imprevistos que no se pueden evitar, como el caso de Lockerbie.

Hace años, cuando empecé a impartir charlas y conferencias sobre las adicciones digitales, al principio lo hice gratis, para sembrar. Todos sabemos que para recoger primero hay que sembrar. Leonor, mi mujer, me decía que eso no iba a funcionar, que lo dejase, que era demasiado esfuerzo para mí. Pero yo me empeñé porque en aquellos momentos a todo el mundo le interesaba saber cómo se estaba utilizando la tecnología y qué hacer con ella, sobre todo las repercusiones que podía tener en nuestros hijos.

Como casi siempre, Leonor estaba en lo cierto, porque no ganaba nada de dinero: lo querían gratis. Me llegaron a ofrecer cien euros para ir a dar una conferencia desde Madrid hasta Murcia, pagándome yo todos los gastos. Ese día decidí terminar con el proyecto.

Me había costado muchas horas de trabajo. Para lograr visibilidad había hecho muchas campañas de prensa. Me llegaron a entrevistar en más de mil emisoras de radio en dos años, de una en una. Decidí cambiar y adaptarme. Ya no daría conferencias sobre adicciones, sino sobre cómo lograr visibilidad en los medios de comunicación. Y también formación de portavoces. Luego llegaría todo lo relacionado con la marca personal, el carisma y la empatía, la venta en plataformas digitales, la transformación digital y el liderazgo. Se trata de adaptarse constantemente, igual que tendrán que hacer todos los trabajadores en un futuro cercano.

Empezamos a utilizar masivamente las redes sociales para mejorar nuestra marca y viralizar los contenidos que nos interesaban. Entretanto, yo seguía trabajando en TVE y empecé a hacer el programa *Emprende*. Era un programa modesto, que no quería molestar a nadie, aunque la dirección hizo lo imposible para evitar que saliese al aire. Pero Luis Oliván, el realizador de *Emprende*, y yo nos empeñamos y lo sacamos adelante con mucho esfuerzo, pero —por decirlo educadamente— sin ninguna ayuda por parte de la dirección. Algunos compañeros sí nos apoyaron y ayudaron.

Meses después de empezar el programa nos dieron un premio. Yo estaba que no me lo creía. Siempre que había visto que le daban un premio a un compañero pensaba que yo nunca tendría uno. Pero en cinco años hemos recibido más de cuarenta reconocimientos nacionales e internacionales (Bruselas, San Francisco, Las Vegas y diferentes lugares de España).

Pero el premio no vale de mucho si la gente no se entera de que te lo han dado. Y aquí entran en juego los nuevos medios tecnológicos de transmisión de la información y el conocimiento, las redes sociales y el resto de las plataformas digitales.

Cuando nos informan de que nos han concedido un premio, lo primero es darlo a conocer. Se lo comunicamos al departamento de comunicación de RTVE para que lancen la nota de prensa, que luego movemos en nuestras redes. Posteriormente, el día de la entrega del premio tenemos que asegurarnos de que un equipo de TVE irá a cubrir el acto para grabar las imágenes. Después escribo una información, que paso a los compañeros de informativos con el fin de que la emitan, junto con las imágenes previamente grabadas. Tras su emisión recupero el clip, lo subo al canal de YouTube que tengo para los premios (tengo un total de seis canales, cada uno para una actividad diferente) y lo muevo en mis redes sociales. Se trata de viralizar y que sepan que te han dado un premio, porque si no se entera nadie no sirve de mucho.

Siempre hay que luchar, ya sea para buscar el éxito profesional o para afrontar situaciones personales inesperadas. A mediados de 2017 me detectaron un cáncer. Tenía dos opciones: tomármelo a la tremenda y hundirme en la miseria o aceptar y esperar que todo saliese bien. Todo salió bien. Ahora ya estoy con las revisiones habituales, sin mayor novedad.

En esa época se estaba hablando de convocar un concurso público para cubrir la presidencia de RTVE. Quizá fuesen el cáncer y mis ganas de vencer a la enfermedad, pero lo cierto es que decidí presentarme y a las dos semanas del diagnóstico empecé a elaborar un proyecto, que me llevó cerca de un año. No lo hice yo solo, sino con la ayuda de muchos compañeros de toda la empresa, que no es solo TVE, sino también RNE, el Instituto RTVE, la Orquesta y Coro, las plataformas digitales y otros departamentos.

No se trataba de hacer lo que el resto, presentar un proyecto y esperar la decisión. Televisión Española es una empresa de comunicación que tiene que estar al día de los avances tecnológicos y sus diferentes aplicaciones. Aposté por predicar con el ejemplo y lancé una campaña de comunicación en las principales redes sociales: LinkedIn, Facebook, Twitter, Instagram y YouTube.

Grabé varias decenas de vídeos explicando lo que yo quería hacer como presidente si el Parlamento finalmente me elegía. Porque es el Parlamento el que toma la decisión última sobre los diez miembros del consejo de administración y la presidencia. Luis Oliván me grabó los vídeos y los montó con diferentes cabeceras para darles mejor aspecto. Fui el único que hizo algo así. No sé si esto es bueno o malo, pero nadie más lo hizo. Conté por activa y por pasiva lo que pretendía hacer, de tal forma que nunca podré decir «eso yo no lo he dicho», porque está por todos lados. Se trataba de lanzar el mensaje y que fuese conocido.

Se hizo una campaña de redes totalmente diseñada, de tal forma que cada día se lanzaba un mensaje diferente; siempre el mismo mensaje, cada día, en todas las redes sociales. Yo tenía claro que muchos de los candidatos a la presidencia ni siquiera usan las redes sociales y me planteaba cómo iban a ser capaces de afrontar los retos a los que se tiene que enfrentar una empresa de comunicación como la mía si sus responsables no entienden el funcionamiento más básico del mundo digital. Y no es porque no usen las redes sociales, sino porque al no emplearlas no están preparados para ver venir lo que se avecina. Ni siquiera los que las utilizamos estamos preparados, pero tenemos la predisposición de estarlo, que en este mundo tan cambiante es esencial.

Muchas personas me han apoyado, por activa y por pasiva, en mi campaña a la presidencia de RTVE. Todas ellas me dicen que esperan que yo sea el elegido. Yo les respondo siempre lo mismo: «Lo importante no es que me elijan a mí, sino que elijan al mejor para el cargo. Pero, por favor, que a quien elijan sea mejor que yo». Lo digo y lo creo firmemente.

PARTE II

En esta parte de *Lidera tu empresa en la Cuarta Revolución* vemos cómo adaptarnos para no morir en el empeño y ser inconformistas, utilizando nuestra marca personal en un futuro en el que la mujer tiene cada día un papel más importante. Un mundo en el que las empresas tienen claro que se puede buscar el beneficio social, logrando también un beneficio económico.

La tecnología de apoyo al puesto de trabajo, en un entorno donde la comunicación evoluciona rápidamente y donde la transformación de la industria audiovisual es un hecho, nos lleva a la necesidad de cambiar para que no tengan que cambiarnos otros. Porque o cambiamos o nos cambian.

Todo ello teniendo en cuenta que la Formación Profesional se ha convertido en la verdadera punta de lanza del nuevo empleo, sabiendo que las personas tienen que seguir siendo las principales protagonistas y beneficiarias de esta industria 4.0, donde la ciberseguridad no es una opción, sino una necesidad.

A lo largo de esta segunda parte de *Lidera tu empresa en la Cuarta Revolución* vamos a contar con expertos que nos van a introducir en estos temas para hacernos pensar en ese futuro que nos aguarda a nosotros y, sobre todo, a nuestros hijos. Todos ellos hablan de lo que conocen, de su propia experiencia.

Adaptarse o morir. O cómo el conformismo no es un buen aliado si lo que quieres es progresar

JAVIER GARCÍA NIEVA

Mi nombre es Javier. Soy natural de Cuenca y llevo casi quince años trabajando en informática. El gusanillo por esta especialidad empezó temprano, mucho antes ya de mi adolescencia. Tuve la suerte de contar con un ordenador personal desde mediados de los 90, el cual «destrocé» varias veces mientras aprendía a utilizar la línea de comandos de DOS o probaba a instalar otros sistemas operativos.

El gusto por la programación vino más adelante, ya cerca de mis últimos años de instituto. Aprendí un poco de lenguaje C y algo de desarrollo de *scripts* en lenguajes como Python. Me gustaba que el código fuente siguiese una lógica, que tuviese sentido, que cada línea que escribía se tradujese en una o varias acciones posteriores de manera inequívoca. Era como construir bloques, pero sin «mancharme» las manos.

En aquellos años no pensaba en el mercado laboral. Simplemente aprendía informática porque me gustaba. Tenía Internet en casa, que funcionaba a 33,6 Kbps. No era mucha velocidad, como algunos recordarán (para que se hagan una idea, piensen que esa foto que mandan por WhatsApp a un familiar o amigo tardase más de un minuto en ser enviada o, en el caso de un vídeo, empleásemos una hora en poder compartirlo). Aprender por tu cuenta requería de más paciencia y muchas conversaciones de chat en IRC con aquellos que sabían más que tú. Por supuesto, en inglés. Y, por supuesto, como español medio formado en el sistema educativo patrio, con problemas para llevarlo a cabo en esta lengua.

Esta fue una de las principales razones que me empujaron a buscar una formación más oficial y decantarme por estudiar Ingeniería en Informática en la Universidad Politécnica de Madrid. La carrera, como todas las ingenierías superiores por aquel entonces, constaba de cinco años, más un proyecto final, y presentaba una carga muy alta de matemáticas y estadística, y algo menos de física. He de reconocer que, desde mi ignorancia y falta de experiencia inicial, me costaba entender cómo el cálculo diferencial o el estudio de la función normal me ayudarían a mejorar mis conocimientos informáticos. Por supuesto, estaba equivocado.

Los primeros años fueron duros, pero se hicieron más llevaderos según nos íbamos centrando en temas más avanzados y menos teóricos. Tras haber pasado ya el ecuador de la carrera, decidí empezar a colaborar con un laboratorio de investigación de la universidad. Gratis, por supuesto. Quería aprender cosas nuevas. El laboratorio en concreto se dedicaba al desarrollo de modelos numéricos para el medio ambiente. Intentábamos, por ejemplo, calcular qué cantidad de contaminantes emitidos por un vehículo en el centro de una ciudad llegaba a un punto situado a cincuenta kilómetros de esta. Estos modelos estaban desarrollados en lenguajes de programación como FORTRAN o C y, en muchos casos, mi tarea consistía en «paralelizarlos», es decir, cómo consigo que el modelo X, pensado para ejecutarse en un ordenador de una sola CPU, tarde dos horas en terminar en lugar de diez, bien fuese empleando para ello más CPU dentro de la misma máquina o bien distribuyendo la carga entre varias máquinas mediante el uso de la red local.

Pero tras más de un año en este laboratorio decidí cambiar los modelos numéricos por sistemas operativos. Ya saben, adaptarse o morir. Mentira. En realidad estaba ya aburrido de modelos numéricos. En el laboratorio de sistemas operativos cambié el cálculo numérico por una carga mucho mayor de programación pura y dura. Estábamos trabajando con una tecnología nueva, o casi, llamada *grid computing*, intentando desarrollar un sistema de ficheros completamente distribuido, basado en la misma. Yo estaba feliz con el cambio y adaptado al nuevo laboratorio, todo ello sin olvidarme de la parte académica, pues me encontraba ya en el último año de carrera y tenía que trabajar en el proyecto final, el cual centraría en el desarrollo de uno de los componentes de este sistema de ficheros distribuido del que hablaba anteriormente.

Pues bien, seguía yo con mi proyecto de fin de carrera, contento y feliz, como les había contado, y ya redactando la larga y tediosa memoria del mismo, cuando en una mañana de otoño en Madrid se me ocurrió apuntarme al portal de empleo de la UPM. Se preguntarán por qué lo hice, visto lo visto. Si les digo la verdad, fue una mezcla de curiosidad e inconformismo. Y el resultado fue un tanto inesperado. Me apunté al portal de empleo, vi un par de ofertas de trabajo interesantes y mostré mi interés en una de ellas, que rezaba: «Consultor de seguridad informática». A las dos horas me habían llamado y al día siguiente tenía programada una entrevista de trabajo. Nervios. Fui a cortarme el pelo (mejor no les cuento cómo lo llevaba) y de paso a que me afeitasen en condiciones, me compré una camisa y unos chinos, cinturón y zapatos. Desde luego, la entrevista no me salió gratis, pero quería causar buena impresión. Al día siguiente me pasé por las oficinas de esta pequeña consultora, en el centro de Madrid, y tras conocer a varios empleados y al dueño de la misma salí con trabajo de allí.

¿Y el proyecto de fin de carrera qué? Pues el proyecto seguiría su ritmo, pero más despacio, como bien expliqué a mis tutores del mismo. Ellos no tuvieron mucho problema, ya que el grueso del trabajo estaba hecho y era la parte que resultaría útil al laboratorio. Lo demás eran retoques y, por supuesto, terminar de escribir la memoria y preparar su defensa ante un tribunal. Emplearía otros seis meses más en terminarla y presentarla satisfactoriamente, pero no me importó, pues ya estaba metido en el mercado laboral.

El famoso mercado laboral. Para muchos, su meta tras pasar por la universidad. Una consecuencia lógica. En mi opinión, la universidad no debe formar trabajadores: debe formar pensadores y gente crítica que, además, sea adaptable. Tras cinco años de carrera, mis conocimientos de seguridad informática en el mundo real se limitaban a «jugar» con algún que otro troyano en ordenadores de amigos. Pero en la universidad me había formado en el álgebra y cálculo en que se basan los métodos criptográficos, sabía de la historia detrás de la seguridad informática, había estudiado la entropía en los datos, el diseño de los sistemas operativos.

En realidad sabía más de lo que yo pensaba, pero a la vez no sabía nada de cómo aplicar esos conocimientos en un mundo real.

Cuando trabajas en consultoría, una parte importante de tu trabajo es vender. Venderte tú. Vender bien a tu empleador. Vender la tecnología con la que trabajas. No es fácil para un recién graduado (o casi) ponerse a vender. Esto no te lo enseñan; lo has de aprender de la misma manera que cuando somos niños copiamos el comportamiento de nuestros mayores, es decir, por imitación. Durante mi tiempo como consultor de seguridad informática me dediqué a preventa, implantación, posventa y soporte, pues éramos una consultora pequeña. Nos especializábamos en soluciones SIEM (*security information and event management*) para grandes clientes, centralizando sus eventos de seguridad, redes y sistemas en una plataforma única, permitiendo así una mejor visibilidad global de la infraestructura.

Viajé por algunas de las empresas del IBEX 35, desplegando esta tecnología y conociendo a gente de todo tipo. La empresa iba bien. De hecho, me aumentaron el sueldo al poco de empezar por los buenos resultados y referencias que un cliente hizo sobre mí, pero empezaba de nuevo a aburrirme y ya tenía otros planes en la cabeza. Quería salir al extranjero. No me había olvidado de que mi nivel de inglés medio necesitaba mejorar.

Corría el año 2007 y en el mundo de la informática se decía que un ingeniero español tardaba menos en encontrar trabajo en el Reino Unido que en abrirse una cuenta bancaria en ese mismo país. Además, el mundo, en general, estaba en una etapa de crecimiento, ignorando lo que vendría más adelante. España era un paraíso del ladrillo, había dinero. Yo tenía un sueldo medio-alto para mi edad, vivía con mi pareja en su piso, propiedad de su familia, y sin pagar alquiler. Ella cobraba algo parecido. Es decir, vivíamos bien. ¿Quién querría cambiar?

Pues me temo que yo. Durante cuatro meses estuve en un proceso de selección para una beca de doctorado en Informática en Irlanda del Norte, subvencionado por la empresa SAP, y tras varias entrevistas me pagaron un viaje a sus instalaciones, donde haría una presentación final de mi experiencia y áreas de conocimiento. Pero fallé. Y el otro finalista se llevó la beca. Fallé por varios motivos, pero el principal lo achaco al idioma. Da igual lo mucho que sepas: si no eres capaz de expresarlo, de «venderlo», no vale para nada. Y yo, un joven español medio, con buenas notas en inglés toda mi vida, me di cuenta de que no sabía hablar inglés en condiciones. Así que empecé a planear mi siguiente aventura: Londres.

Antes de llegar a Londres me propuse intentar encontrar trabajo desde España mientras mantenía mi puesto como consultor de seguridad en Madrid, pero la cosa no funcionó como esperaba y decidí cortar por lo sano. Presenté mi dimisión como consultor en Madrid y me fui a Londres sin trabajo.

En Londres tocó sufrir el primer año. Tenía tiempo libre entre entrevista y entrevista y, aunque mis ahorros volaban rápido a pesar de no pagar alquiler, creí que seguir formándome era la mejor opción. En esos primeros meses me apunté en la UNED en el grado de ADE, pues quería saber más de economía y de cómo funcionaban las empresas. Además, me puse al día en decenas de temas que había estudiado en la carrera y me lancé a entrevistas de todo tipo: ingeniero de *software*, de sistemas, especialista en seguridad, analista de datos, etc. Pasé por multitud de procesos de selección y, tras cuatro meses de búsqueda, fui aceptado como ingeniero de sistemas en una empresa mediana que desarrollaba soluciones de comercio electrónico para grandes clientes.

En mi primer trabajo en el Reino Unido me di cuenta de tres cosas importantes:

1) La informática estaba mucho mejor pagada que en España.
2) La gente estudia menos años y empieza a trabajar antes. De hecho, yo era un «viejales» al lado de otros compañeros del departamento.
3) Al estudiar menos años, sus perfiles son menos generalistas que el mío. Yo sabía de todo y de nada. La mayoría de mis compañeros se había especializado en algo, bien durante la universidad, bien en el mercado laboral.

Tras casi dieciocho meses y varios éxitos cosechados como ingeniero de sistemas, un compañero me recomendó lanzarme a un proceso de selección que él había rechazado por tener conocimientos muy limitados de seguridad informática. Yo no estaba buscando trabajo, pero acepté. El proceso de selección fue duro. Cinco rondas de entrevistas con más de una docena de personas, desde perfiles júnior a varios directivos. Exámenes múltiples, técnicos y personalidad. Se trataba de un puesto de analista/auditor de seguridad informática para un *hedge fund* en la *City* londinense y no se andaban con tonterías. Pasé el proceso y empecé a trabajar allí.

Reconozco que los siguientes cinco años cambiarían por completo mi manera de ver el mundo. Como analista de seguridad en un equipo completamente nuevo, mi trabajo era montar una estructura de monitorización masiva de todo lo que ocurriese en la empresa. Todo. Empezando, por supuesto, por nuestros propios empleados. Mi nueva empresa se encargaba de desarrollar algoritmos para inversiones alternativas en renta variable y fija a nivel global. Y lo hacía de manera muy efectiva. Estos algoritmos eran nuestras joyas de la corona, que había que proteger, así que el equipo de seguridad tenía un presupuesto enorme para implementar soluciones desde cero o comprar las tecnologías que nos hiciesen falta. En este tiempo tuve que programar interfaces gráficas para mostrar datos, programar *scripts* para extraer información de plataformas varias, configurar *firewalls*, implementar herramientas de *ticketing*, desarrollar bases de datos, formarme como científico de datos… ¿Ven lo que les digo de la flexibilidad? Incluso evalué y desplegué soluciones SIEM de manera parecida a como hice en Madrid. Cuando dejé este trabajo, cinco años después, aquel equipo de seguridad de dos personas (mi jefe y yo) se había convertido en un departamento con treinta y varios jefes de equipo.

Tras un *hedge fund* en la *City* londinense cambié mi puesto técnico por un nivel medio de dirección, como jefe de operaciones de ciberseguridad en un gran banco de inversión americano. Quizás fueron las ganas de crecer profesionalmente o el renombre del banco lo que me hizo cambiar, pero a los cuatro meses de empezar presenté mi dimisión. Había pasado de un trabajo extremadamente técnico a tirarme horas en conferencias telefónicas, evaluar empleados y «analizar» datos empleando una hoja de cálculo Excel. Definitivamente no era lo mío, así que de nuevo corté por lo sano.

Tras este fracaso se me quitaron las ganas de trabajar para grandes empresas en puestos con nombres muy largos y decidí adentrarme en el mundo *freelance*, algo muy normal en el Reino Unido, por otra parte. Resulta que una de las herramientas con las que había trabajado para el análisis de datos en aquel *hedge fund* londinense era cada día más popular entre las grandes empresas y la demanda superaba con mucho la oferta. Yo, además de conocer la herramienta, me había sacado varias certificaciones y ello me colocaba en una posición ventajosa. Así que, tras montar mi propia empresa y contratar una asesoría *online*, me lancé a este mundillo del *contractor*, que es como se conoce allí a los consultores independientes. Un mes más tarde empecé mi primer proyecto como arquitecto de seguridad especializado en SIEM. Volvía a mis inicios en Madrid, pero una década después. Definitivamente, el mundo es un pañuelo.

Ser consultor independiente en el Reino Unido es un trabajo ideal si tienes un buen currículum y no te importa tener periodos sin carga laboral, pues trabajas por proyecto: seis meses por aquí, tres por allá, ahora dos clientes a la vez. Es ante todo flexible y, si a eso unes que cada vez se lleva más el teletrabajo, tienes una combinación ideal para mejorar tu calidad de vida. Pero aún podía ir a mejor tras conseguir que uno de mis clientes me permitiera trabajar en remoto. Les hablé de la posibilidad de hacerlo, pero desde otro país. El proyecto en el que estaba metido tenía un horizonte temporal de varios años y yo quería volver a España por motivos familiares. Y aceptaron.

Vuelta a España. Pero no a cualquier sitio. Para volverme a Madrid me quedo en Londres. El regreso sería a Cuenca. Y así fue. Y aquí sigo, desde esta pequeña ciudad castellana que me vio nacer, trabajando como consultor independiente y en remoto para multinacionales extranjeras y con algún que otro viaje a nivel europeo. El tiempo dirá si fue una buena decisión, pero doy por hecho que tendré que adaptarme de nuevo a lo que surja.

Javier García Nieva es ingeniero superior en Informática por la UPM, graduado en ADE por la UNED y MVP de Splunk. Con quince años de experiencia en tecnología, ha desarrollado la mayor parte de su carrera en el sector financiero de la *City* londinense. En la actualidad trabaja como consultor independiente especializado en ciencia de datos para la seguridad.

https://linkedin.com/in/javierga
Blog: https://splunkes.wordpress.com

Marca personal, un valor en alza en la empresa 4.0

AMI BONDÍA

La tecnología es un avance cuando no pierde de vista el factor humano. Y por ello podemos decir que la marca personal es el corazón que debe latir debajo de todo proceso de transformación digital.

En este capítulo nos aproximamos al concepto de *personal branding* (marca personal) y al de *employer branding*, su versión empresarial. Pero antes de todo es necesario conocer algunas pinceladas del contexto actual y para ello hay que hablar de la cuarta revolución industrial, una transformación de la sociedad provocada por la convergencia de distintas tecnologías y su rápida expansión a nivel planetario. Como consecuencia de este nuevo paradigma nace el llamado entorno laboral VUCA (volátil, incierto, complejo y ambiguo), que cambia por completo la forma de concebir el trabajo, así como las relaciones entre los distintos actores.

Por esta razón, las empresas que quieran sobrevivir, vivir y brillar en esta nueva era deberán llevar a cabo una transformación digital completa de todas las fases de producción. Será la manera más eficaz de ser eficientes en el nuevo mercado y poder responder a las nuevas necesidades del cliente y de los trabajadores. De la misma manera, el «trabajo para toda la vida» se sustituirá por el «trabajo por proyectos», los contratos indefinidos darán paso a los trabajadores *freelance* (autónomos) y el currículum dejará de ser la herramienta para encontrar empleo y se sustituirá por el *networking* o la gestión de la red de contactos.

Personal branding, herramienta para el éxito empresarial y profesional

La transformación del mercado laboral y su carácter global y competitivo convertirán la gestión de la marca personal en un valor en alza para la nueva empresa. O lo que es lo mismo: una herramienta fundamental para el éxito organizacional y profesional.

En este sentido, la marca personal podría definirse como la estrategia para descubrir el talento y aprender a comunicarlo de una forma eficaz con el objetivo de alcanzar las metas anheladas. Un cóctel entre psicología, estrategia de objetivos y habilidades comunicativas que, bien manejado, nos hará vivir bien de aquello que nos apasiona.

Una buena gestión de la marca personal permitirá al trabajador dejar un recuerdo positivo en la mente de los demás y aumentar sus posibilidades para convertirse en un referente en su sector profesional. Es, por tanto, la manera más eficaz para ser la opción elegida en cualquier proceso de selección. Pero, además, los trabajadores con una marca personal sólida serán los más deseados por las empresas de la nueva era por varias razones.

En primer lugar, los profesionales con marca personal positiva despiertan la conexión y la credibilidad del público. La humanidad y los valores de estos empleados generarán una mayor confianza tanto para clientes como para proveedores o posibles inversores o socios, un factor que se traducirá en un aumento de la fidelidad y los ingresos para la empresa.

En segundo lugar, los profesionales con marca personal son muy visibles y si sus valores están alineados con los de la organización (que es lo deseado) se convertirán en los mejores embajadores de la marca empresarial. Si el empleado está feliz y orgulloso de la organización en la que trabaja, así lo mostrará en sus redes sociales y en el contacto personal con sus seguidores. Y esa es la mejor publicidad.

En tercer lugar, los profesionales con marca personal son personas que se conocen bien a sí mismas y saben comunicar con eficacia sus necesidades y objetivos. Esta coherencia entre lo que dicen y hacen, así como su capacidad para expresar sus ideas a los demás, les convierte en líderes inspiradores y motivadores para el resto de los empleados, un elemento fundamental en estos tiempos, en los que la estructura piramidal y la imposición ya quedaron obsoletas.

Tal y como apuntaba en el libro *Mundo de valientes* (2019), si queremos construir una marca personal sólida es necesario trabajar en tres niveles:

a) El autoconocimiento: Un concepto que hace referencia a la acción de mirar hacia dentro para descubrirse a uno mismo. Es recorrer un camino de introspección que nos permita conocer cómo somos, qué nos hace felices, dónde queremos llegar, hasta dónde estamos dispuestos a sacrificar por un objetivo... descubrir la escala de valores que nos mueve y las fortalezas y rasgos que nos hacen únicos. Un ejercicio que marca los renglones sobre los que escribiremos nuestra propia historia.

b) La focalización de objetivos: Es la capacidad para dirigir todos nuestros pasos en dirección hacia aquello que nos hace felices. Si en la fase de autoconocimiento conectábamos con nuestro lado más emocional y descubríamos cuál era nuestro objetivo, aquí vamos a ir a por él utilizando la razón. Para ello recurriremos al llamado «cuadro de mandos», una estrategia que diferencia a las personas que cumplen sus objetivos de las que no y consiste en dividir la «gran meta» (cinco años) en «pequeñas metas» a corto plazo (uno a dos años) y medio plazo (dos a cuatro años). Se trata de establecer un plan de acción que nos permita ir andando un camino dibujado previamente y que garantice que no se pierde el foco de nuestros pasos.

c) Habilidades comunicativas: Una vez tenemos claro cuál es nuestro objetivo y cuáles son las habilidades que tenemos para alcanzarlo (a través de la introspección), así como el camino que vamos a seguir para llegar a él (focalización), es el momento de darle visibilidad. Saber comunicar nuestro talento es lo que nos hará llegar a los oídos de las personas que pueden darnos la oportunidad que necesitamos para alcanzar las metas más anheladas.

Hoy en día existen dos canales para lograr visibilidad: el digital y el real o 1.0.

Por un lado, la huella *offline* es la impresión que, a través del lenguaje verbal (lo que se dice) y no verbal (cómo se dice), dejamos en la mente de los demás tras el contacto directo con ellos. En definitiva, la chispa que transmitimos en el cara a cara.

Por otro lado, el rastro digital es la imagen que proyectamos a través de nuestras publicaciones en Internet. La web personal es el escaparate del talento y las redes sociales son nuestros medios de comunicación. Cualquier profesional tiene a tan solo una tecla de distancia a millones de clientes potenciales.

En definitiva, la marca personal no es otra cosa que dar visibilidad a nuestra esencia, la parte más auténtica de cada persona. Es mostrar al mundo lo que nos hace diferentes y valiosos, algo que no solo se puede hacer, sino que se debe hacer por dos razones: a nivel personal será la manera de llenar de sentido cada día, de crecer y alcanzar la plenitud; a nivel social será el modo de aportar valor al mundo.

Employer branding, la herramienta para atraer y retener el talento

Además de incluir en la plantilla profesionales con marca personal, las organizaciones 4.0 deberán apostar por trabajar su *employer branding* o, lo que es lo mismo, su marca empleadora, un concepto referente a la imagen que proyecta una empresa en sus propios empleados y, sobre todo, en sus posibles candidatos. Un factor clave si queremos atraer y retener el talento, tan necesario en la nueva era.

Para construir una marca empleadora sólida es importante conocer los valores de la propia empresa y saber comunicarlos de forma eficaz tanto en el mundo *online* como el *offline*. Y para ello se pueden seguir las tres fases de construcción de marca señaladas anteriormente (autoconocimiento, focalización y comunicación), solo que aplicadas a la empresa. Si se consigue proyectar una imagen moderna y profesional de la empresa, las posibilidades de poder contar con los mejores trabajadores aumentarán de forma considerable.

Pero en la nueva era digital las necesidades y la forma de entender el trabajo por parte de los trabajadores del siglo XXI son diferentes a las de sus antecesores. Por ello, hay que ser consciente de que este tipo de profesionales no solo buscan organizaciones punteras y con proyección de futuro, sino también que respondan a sus prioridades, entre las que podemos destacar las siguientes:

- Conciliación: La búsqueda de un equilibrio entre la vida personal y profesional se impone a la filosofía de «todo por el trabajo». Para avanzar en este aspecto, los departamentos de recursos humanos de las empresas deben promover una cultura de responsabilidad y de confianza en el propio trabajador, de manera que sea el empleado quien decida cómo organizar su tiempo de una forma que le permita cumplir con sus responsabilidades laborales y familiares. En este sentido, las tecnologías son una herramienta muy útil para facilitar esta conciliación.

- Crecimiento personal y profesional: El empleo ya no es solo la actividad que se realiza para ganar dinero. Ahora se entiende como un espacio ligado al crecimiento personal. Por ello, es importante que la empresa incentive y premie el trabajo bien hecho con reconocimientos, que pueden ir desde ascensos de responsabilidad hasta halagos verbales. Algo tan sencillo como decir «muy buen trabajo» o «enhorabuena» puede generar la mayor satisfacción. Al final lo importante es que el trabajador se sienta motivado, valorado y con posibilidad de seguir evolucionando dentro de la empresa. Por otro lado, crecer implica aprendizaje constante y, en este sentido, una manera de satisfacer esta necesidad del trabajador es mediante la formación constante dentro de la empresa.

- Buen ambiente laboral: Rodearse de personas empáticas, motivantes y que sepan trabajar en equipo es uno de los requisitos del nuevo trabajador. En este caso, el departamento de recursos humanos de las empresas tiene que hacer una gran labor de selección, en la que los conocimientos técnicos vayan acompañados de habilidades *soft* o blandas o, lo que es lo mismo, altas habilidades emocionales.

- Deslocalización: El teletrabajo o la flexibilidad horaria son también una prioridad. Gracias a las tecnologías es posible gestionar un negocio desde cualquier punto del mundo y sin restricciones horarias, una forma de trabajar que supone un aumento directo en la sensación de libertad, autonomía y satisfacción del trabajador. Aquí la principal labor de las empresas es crear conciencia y garantizar la percepción de que tan válido es trabajar desde fuera de la oficina como si se está en ella. Es el momento de poner fin a la ideología tan perjudicial de «lo importante es calentar el asiento».

Estas son las prioridades más demandadas por la nueva generación de trabajadores y aquellas empresas que las implementen en su sistema de funcionamiento serán las que tendrán una marca empleadora (*employer branding*) capaz de atraer y retener el talento.

Eso sí, tan importante es implementar estas necesidades como hacerlas visibles. Por ello, las empresas deberán desarrollar una buena estrategia de comunicación, que refleje esta filosofía de trabajo acorde con los nuevos tiempos. Las mejores herramientas para hacerlo son las redes sociales, la web o la organización de eventos. Y sobre todo el uso del vídeo.

No hay nada que tenga más impacto y conexión con el público que las herramientas audiovisuales, ya que son lo más parecido a tener delante a la otra persona. Por eso, se pueden hacer vídeos en los que se muestre cómo la empresa implementa esta filosofía de trabajo en su día a día o realizar entrevistas a los empleados en las que se reflejen las ventajas de trabajar en una empresa en la que se cuida al trabajador.

El factor humano en la transformación digital

Finalmente y a modo de conclusión, hacer hincapié en cómo la adaptación de la empresa a los nuevos tiempos pasa por una transformación digital completa y su apuesta por el factor humano. Porque en un mundo tan robotizado los valores propios de una marca personal positiva, tales como la empatía, la justicia, la creatividad o la resiliencia, irrumpen con fuerza para minimizar el impacto negativo de la tecnología y actuar en favor de una aplicación ética y justa.

Porque, al fin y al cabo, la tecnología no es buena o mala en sí misma, sino que depende del uso que hagamos de ella. ¿Preparado para la nueva era?

Ami Bondía es doctora en Comunicación, formadora y conferenciante especializada en marca personal, era digital y optimismo realista. Colabora en el programa *Emprende* (TVE) como experta en nuevos empleos.

Además, asesora en proyectos de innovación educativa y trabaja como responsable de comunicación de grandes eventos.

Es autora de *Un café con Chan* y *Mundo de valientes*.

Twitter e Instagram: @amibondia
YouTube y LinkedIn: Ami Bondía
www.amibondia.com

El futuro laboral de la mujer depende de su capacidad de liderar su carrera profesional y su vida personal

MYRIAM ISABEL GONZÁLEZ NAVARRO

Actualmente nos encontramos en un momento en el que los cambios en nuestra vida personal y profesional son constantes. Esto provoca que vivamos en una situación de incertidumbre ¡No hay nada seguro o casi nada! Hoy tengo un trabajo que me apasiona, mañana cambia el CEO de la empresa y, de repente, ese trabajo se convierte en mi mayor pesadilla. Hoy tengo una pareja estable y parece que todo va fenomenal y mañana me encuentro sola, teniendo que hacer frente a innumerables problemas legales y personales que en mi vida me había planteado que los iba a tener que afrontar, además de verme obligada a adoptar una actitud de que aquí no ha pasado nada, no se vayan a enterar en la empresa de que tengo problemas personales e interpreten que van a afectar a mi productividad y acabe en la lista del paro. A esto hay que sumarle la temible hipoteca a cincuenta años, que hace que me pregunte todos los días qué pasaría si me quedara sin trabajo y no pudiera pagarla o si tuviera que sacar a los niños del colegio.

A ello tenemos que añadir todas las noticias que nos llegan diariamente a través de los medios de comunicación sobre una posible crisis económica, grandes empresas tramitando ERE de miles de trabajadores o nuestros propios compañeros de trabajo, que nos comentan las posibles amenazas que nos podemos ir encontrando todos los días en la empresa.

Además, están los rápidos cambios tecnológicos, el impacto que va a tener la digitalización, el *blockchain*, la inteligencia artificial, los drones, la realidad virtual, la influencia de los robots en la contratación y en los despidos. Todo ello crea una inseguridad constante y, aunque me pase la vida haciendo cursos para no quedarme fuera de mercado, tengo la impresión de que nunca es suficiente, precisamente porque nadie conoce realmente el futuro.

Ante esta situación de inestabilidad, provocada en su mayor parte por agentes externos, es necesario haber desarrollado una capacidad de resiliencia increíble y no todo el mundo la tiene, lo que ocasiona que en la sociedad y en las empresas en particular nos codeemos todos los días con personas malhumoradas, angustiadas y sin rumbo.

Y la pregunta que me tengo que hacer es: ¿qué puedo hacer yo para lograr contrarrestar la sensación de inestabilidad y dar certidumbre a mi vida personal y profesional? La respuesta es adoptar una actitud proactiva, en la que sea la persona quien controle, en la medida de lo posible, lo que ocurre en su vida y no estar al albur de lo que te pueda suceder por decisiones ajenas. Ello se consigue trabajando el liderazgo personal.

Durante mucho tiempo en las empresas se ha reclutado y se ha valorado a las personas por su perfil académico. Hoy no es suficiente porque estas empresas desconocen realmente qué conocimientos van a ser necesarios en un futuro inmediato para crear y desarrollar sus productos. A día de hoy se piensa que para poder afrontar la digitalización con éxito se necesitan perfiles técnicos y personas con conocimientos en humanidades, pero lo realmente importante es encontrar talento dispuesto a estar constantemente aprendiendo para adaptarse a las nuevas exigencias de la empresa en un tiempo récord.

Pero, además, a la hora de reclutar se buscan personas éticas, con valores, idiomas, propósito y *soft skills*: autoconfianza, inteligencia emocional, relacional, social, comunicación, trabajo en equipo, esfuerzo y constancia. Personas abiertas al cambio, creativas, con pensamiento crítico y que trabajen por ser excelentes técnicamente.

Precisamente, pararte a pensar y elegir cuáles son los valores que te van a servir de guía en tu vida (lealtad, honestidad, libertad, justicia, generosidad, amor, etc.) y ser coherente con ellos en tus decisiones y actuaciones te ayudará a adquirir autoconfianza y a lograr la confianza de los demás.

Elegir tu propósito de vida será tu foco, al que tienes que dirigir tus actos y tus decisiones. Es muy importante lograr encontrarlo y tiene que englobar lo que quieres conseguir en tu vida personal y profesional. Durante mucho tiempo se ha tratado de separar, pero es importante que ambas facetas estén equilibradas para que no llegue el día en el que te recrimines cosas que ya no tienen solución.

Hay mujeres que por alcanzar su objetivo profesional tomaron la decisión de sacrificar su vida personal hasta el punto de decidir no tener hijos o renunciar al amor de su vida y esa decisión les está pesando gravemente. Hay que establecer un plan de acción con metas que tenemos que ir alcanzando en el tiempo y, dependiendo de lo que vaya sucediendo, adaptarlo y redirigirlo al objetivo. Actuar es la clave para llegar a conseguir el propósito y lo que nos va a ayudar a superar los miedos o la incertidumbre.

Es importante aprender a gestionar las emociones, el pensamiento en positivo (lo puedo conseguir y actúo para lograrlo), aprender a comunicarnos con los demás, hablar bien de las personas, animarlas e inspirarlas. Los proyectos se gestionan en equipo y la comunicación entre sus miembros es esencial para llevarlos a buen puerto, sobre todo teniendo en cuenta que cada vez más la comunicación va a ser en remoto, lo que dificulta mucho la interpretación de lo que comunicamos. Además, en esos equipos habrá personas de distintas culturas y edades; por ello es necesario que abramos nuestra mente para aportar entre todos. Hay personas que tienen más facilidad para manejar la tecnología, pero hay otras que tienen una gran habilidad para tratar con las personas o una increíble visión estratégica. Hay que eliminar los estereotipos, ya que nos hacen perdernos a grandes personas.

También hay que trabajar la inteligencia relacional, ser conector de personas y proyectos. La inteligencia social, que es la capacidad que tiene una persona para relacionarse de manera empática y asertiva, es esencial.

Buscar la excelencia profesional, no pararse ante las dificultades, aprender siempre... Todas estas características son las que te van a permitir liderar tu vida. ¡Tú decides!

Sin embargo, su aprendizaje no se puede imponer, sino que es la propia persona la que tiene que decidirlo. De ahí la importancia de seguir una serie de consejos:

1º) TRABAJA TU MARCA PERSONAL. La marca personal no solo la tienen que trabajar los emprendedores, los autónomos; también es vital que lo hagan los empleados de empresa. Antes tu trayectoria profesional podía transcurrir en una misma compañía hasta que te jubilaras —y si era una gran empresa con más razón—, pero actualmente y en el futuro esto no va a ser así. A lo largo de tu vida laboral vas a pasar por varias empresas o incluso al final tendrás que optar por un trabajo de *freelance*. Tener una buena marca personal es clave para conseguir moverte con rapidez cuando tienes que cambiar de trabajo. Actualmente se están produciendo muchos despidos en grandes empresas de personas con 45-50 años que habían trabajado siempre en el mismo lugar, no se habían preocupado de trabajar su marca personal ni su red de contactos. Son personas que no están acostumbradas a trabajar sin el respaldo de una marca grande. Las empresas no están reclutando personas de esas edades, por lo que su única salida es el emprendimiento. ¡Cuidado con no salir de tu zona de confort!

2º) ADELÁNTATE A LOS ACONTECIMIENTOS. En el mundo actual es muy importante que nos sepamos adelantar a los acontecimientos. No es fácil, porque las cosas pasan muy rápido; por ello tendremos que estar muy atentos a lo que suceda en nuestro sector, pero también en los sectores que puedan afectar al nuestro. Mientras estamos en una compañía es más fácil movernos a otro trabajo que si estamos fuera. Si tenemos que cambiarnos de sector tendremos que formamos en otras materias que nos permitan adaptarnos profesionalmente a otro ámbito, lo que requerirá tiempo. Por ello es importante darnos cuenta y actuar.

3º) PIENSA EN GRANDE. Vivimos en un mundo globalizado; por lo tanto, es importante que a la hora de valorar las oportunidades laborales no nos cerremos exclusivamente a nuestro entorno o país, pues podemos tener oportunidades de trabajo a lo largo y ancho del mundo. Pero para poder tener acceso a ello es necesario estar al día en el manejo de herramientas tecnológicas, ya que, por ejemplo, en muchas ocasiones las reuniones de trabajo en remoto con personas de distintos países pueden ser diarias. También es necesario estar abierto a aprender constantemente idiomas.

El inglés es imprescindible, por lo que si no te sientes cómodo al utilizarlo lo primero es solucionarlo. Actualmente viajar por el mundo es una forma de vida ineludible, algo que tendrás que tener en cuenta a la hora de planificar tu vida personal. Es importante estar al día: las noticias de otros países nos van a afectar y conocerlas nos ayudará a interpretar la realidad de nuestro día a día y anticiparnos a los acontecimientos. Es importante que estemos abiertos a relacionarnos con personas de distinta procedencia. Tenemos que ser capaces de vencer estereotipos y también conocer los que nos afectan para contrarrestarlos, porque influyen en nuestra marca personal. Conocer los usos y costumbres de las personas con las que vayamos a trabajar es muy importante; nos ayudará a interpretar mejor sus comportamientos, evitar malentendidos, pero sobre todo detectar oportunidades de negocio o conectar proyectos.

4º) LA ZONA DE CONFORT NO PUEDE EXISTIR. En un momento como el actual no puedo permitirme el lujo de parar: es la mejor manera de quedarme fuera del mercado de trabajo. Hay que estar en constante actitud de aprender y, sobre todo en materia tecnológica, no se puede perder el tren porque corres el riesgo de quedarte fuera sin retorno. Es verdad que hay que superar determinados miedos, pero si al final no vas a tener opción, mejor que aprendas rápido.

5º) OTRAS FORMAS DE TRABAJO. A lo largo de tu trayectoria profesional puedes desempeñar tu trabajo de distintas formas: ser emprendedor con veinte años, trabajar luego en una multinacional o decidir trabajar por proyectos para poder compatibilizar mejor tu vida personal y laboral. Es muy importante para poder afrontarlo acostumbrarte a vivir sin nómina y tener estructurada tu planificación financiera, ya que habrá momentos de tu vida en los que puedes tener unos ingresos superiores y en otros bajarán o serán irregulares. La proactividad y la autoconfianza te ayudarán a vencer la inestabilidad.

6º) LA CONCILIACIÓN DE LA VIDA LABORAL Y FAMILIAR. La tecnología nos va a permitir trabajar desde casa —de hecho, ya se está haciendo—, pero es cierto que el encontrarnos en un mundo laboral globalizado nos va a obligar a afrontar viajes que vamos a tener que compatibilizar con nuestra vida personal. Es importante cuando tengamos que tomar decisiones personales tener claro el reparto de tareas con la pareja. Que la mujer tenga que pedir en la empresa media jornada o renunciar a los viajes puede dar lugar al estancamiento en su carrera profesional. De hecho, los problemas de brecha salarial detectados en las empresas vienen ocasionados por situaciones como la elección de media jornada o pérdida de promoción profesional como consecuencia de tener que renunciar a determinadas actividades profesionales para poder hacer frente al cuidado de hijos. La pérdida de promoción profesional tiene consecuencias importantes, primero porque la mujer ha dejado de percibir ingresos durante largos periodos de tiempo, pero sobre todo por la pérdida de autoestima por no conseguir ver recompensado su trabajo en forma de ascenso. Además, cuando llega el momento de la jubilación, el importe es bastante menor que la de un hombre. ¡Negocia bien!

7º) LA IMPORTANCIA DE TU RED DE CONTACTOS: HACER *NETWORKING* ES UN TRABAJO. Uno de los valores clave para conseguir la confianza de los demás es la generosidad. Si ayudas a las personas con las que te relacionas a crecer sin esperar nada a cambio, ellas te ayudarán a ti. Actuar así te permitirá generarte una red de contactos de personas que funcionarán como tú. Las personas que integren tu red son las que te van a ayudar a conseguir tu propósito y tus metas.

Trabaja tu *networking online*, pero no te olvides de bajar los contactos al mundo *offline*.

¡Lidera tu vida y alcanzarás el éxito!

Myriam González Navarro es licenciada en Derecho por la Universidad Complutense de Madrid y máster en Dirección de Empresas Constructoras e Inmobiliarias por la Universidad Politécnica.

Fundadora del despacho Barberán & González, compagina la abogacía con su actividad como mentora acreditada por el European Mentoring & Coaching Council y la secretaría general de la asociación IBWomen.

Instagram: myriamisabelgonzaleznavarro
LinkedIn: https://www.linkedin.com/in/myriam-gonzalez-navarro
Facebook: Myriam Isabel González Navarro
Twitter: @MyriamG15963703

Beneficio social y beneficio económico

JUAN CARLOS RAMIRO

El adjetivo social significa, entre otras acepciones, «que repercute beneficiosamente en toda la sociedad o en algún grupo social». En este capítulo vamos a entender por «sociales» aquellas tecnologías —productos, servicios y entornos digitales— que en alguna medida incorporan criterios de accesibilidad, usabilidad e intuitivos, de forma que, además de suponer un beneficio evidente para el ciudadano —en su uso particular— o profesionales cualificados —en medicina, administración digital, seguridad ciudadana, investigación o educación—, permiten avanzar hacia un término «social» global y no parcial o limitado.

Las cifras son incuestionables. Europa y gran parte del mundo avanzan hacia un envejecimiento poblacional alarmante con sus consecuencias evidentes: incremento de personas con discapacidad y limitaciones asociadas al envejecimiento. El gasto público y privado en servicios y recursos de atención sociosanitaria se desbordará, siendo difícilmente asumible por los presupuestos públicos y las economías domésticas. A esta población envejecida hay que sumar aquellos millones de personas que, sin estar en edades avanzadas, también tienen alguna discapacidad o limitaciones y a toda aquella población que por distintas circunstancias no es capaz de adaptarse al ritmo de la nueva sociedad digital. Consecuencia: o generamos beneficio social ciudadano a través de las tecnologías y beneficio económico para las empresas o el sistema de bienestar social tal como lo conocemos no lo soportará. El resultado lógico —y hacia lo que tendemos— es que las Administraciones públicas (AAPP) van a pedir cada vez más TIC sociales y accesibles para hacer viables sus presupuestos en servicios públicos.

Prueba de ello es la Directiva 2014/24/UE del Parlamento Europeo y del Consejo sobre Contratación Pública, que obliga a incorporar en los pliegos técnicos de toda licitación de productos y servicios TIC los criterios de accesibilidad y usabilidad en los mismos; y la propia norma técnica europea EN 301546, donde vienen desarrollados. En el ámbito privado, la lucha por ganar al rival, aumentar el número de clientes e incrementar el consumo derivado pasa por diseñar productos, servicios y entornos fáciles, usables y accesibles. Y eso es beneficio social.

El beneficio social puede lograrse por muchos caminos en la sociedad de la información y la comunicación y uno de los más importantes es introduciendo las condiciones de accesibilidad y usabilidad a las TIC. Mediante ellas se genera autonomía personal y ello va a permitir un importante ahorro en gasto público, especialmente en el sector sociosanitario; pero, al mismo tiempo, incrementa el consumo con productos que propician bienestar personal y familiar e incentiva la competencia de la empresa en la creación de productos, servicios y entornos accesibles, que pueden entrar en la cadena de compra pública y privada.

La tecnología tiene sentido cuando sirve para todos; en caso contrario, es un elemento tremendamente potente como discriminador. Es aquí donde cobra especial trascendencia la tecnología social nutrida de accesibilidad, usabilidad y adaptabilidad de los productos, servicios y entornos. Algo de lo que, curiosamente —pero necesariamente por poco tiempo—, la industria tecnológica, las empresas del sector, los profesionales y el área comercial no se dan del todo cuenta (¡pero se están dando por no perder potenciales clientes en el mundo global digital!): inmersas en el global de la población se encuentran las personas con discapacidad, mayores y con limitaciones, pero también el enorme número —en millones— de ciudadanos «no hábiles» en el uso de las TIC y que se han convertido, gracias a las tecnologías, en potentes consumidores. Incluso, en muchos casos, bastante por encima de la media. Merece la pena (y mucho) introducir criterios de uso fácil, usabilidad y accesibilidad en el diseño de productos, servicios y entornos digitales. Lo accesible y fácil genera negocio automáticamente. ¿No lo demuestra el pago con tarjetas *contactless*? Ese fue el gran éxito del buscador de Google: partir de lo elemental (en el uso) para crear un imperio.

¿En cuánto calcularíamos el beneficio social que ha generado en el acceso a la información y en el uso de sus servicios interconectados? ¿Y WhatsApp?

Las tecnologías han encontrado un nicho de mercado que desconocen aún y que lo será cada vez más, según vayan siendo más sociales los terminales, las *apps*, las webs y contenidos y la publicidad. Y no hablo de accesibilidad enfocada a la discapacidad; sería un error. Hablo de accesibilidad digital para abarcar toda la diversidad en cuanto a capacidades de los ciudadanos que cada vez interactúan más en el ecosistema digital global, como personas mayores, personas con baja formación, colectivos aislados o alejados de núcleos urbanos, profesionales en sectores sensibles donde la accesibilidad y usabilidad son esenciales (sector sociosanitario, de seguridad, educativo, etc.).

La falta de accesibilidad —formal y social— a las tecnologías, sus productos, servicios y entornos es un verdadero problema para cualquier sociedad, con repercusiones muy fuertes incluso en la economía de un país. En el ámbito público produce unos gastos de atención inmensos al limitar la autonomía de miles de ciudadanos con discapacidad y mayores, al tiempo que elimina de la población activa —y laboral— a un porcentaje de ciudadanos nada desdeñable, convirtiéndolos en mera clase pasiva. Pero, puesto que la accesibilidad es un problema, convirtámoslo en una oportunidad.

Sin duda, no son los mejores tiempos en la economía, con ciclos de expansión económica cada vez más cortos. El mismo presidente de Samsung, Lee Kum-hee, lo manifestaba al inicio de una crisis económica (sin descubrir nada nuevo, es cierto) en 1998: «Cuanto más fuerte sopla el viento, más alta sube la cometa. Lo que necesitamos es sudor, sacrificio, valor y sabiduría para transformar esta crisis en productividad».

Pero para quien piense solo en términos económicos, el argumento es fácil: con la sociabilidad de las TIC todos ganamos. Al ir eliminando barreras, más ganará la sociedad y más ganará la empresa. El beneficio social permanente en todos los entornos (servicios públicos y bienes de consumo) solo puede ser sostenible si genera beneficio económico para la empresa, quien provee de los productos, servicios y entornos al ciudadano y a los servicios públicos. Y resulta que la realidad es incuestionable y cuantificable: a mayor beneficio social ciudadano, en este caso generado a través de las tecnologías, mayor beneficio económico para la industria y la empresa.

Las AAPP caen frecuentemente en un grave error, anteponiendo el precio a la calidad en sus adquisiciones de productos y servicios TIC. Esto redunda en una evidente ineficiencia en la gestión de sus servicios y, a la larga, en un mayor gasto para reparar esa ineficiencia y desigualdad. La empresa comercial y la industria también caen en ese error a menudo. Sin embargo, en el sector privado de la empresa, industria y comercio el objetivo es otro, igual de lícito: ganar dinero, obtener beneficios, lo que obliga a reaccionar más rápido ante los cambios y la competencia. Que no es excluyente, ni mucho menos, con el bienestar social. Por ello, es difícil entender cómo porcentajes tan significativos de población se «desprecian» comercialmente. Y el motivo es el mismo: el desconocimiento de la hete-rogeneidad. La diversidad de millones de ciudadanos y sus circunstancias es muy heterogénea y ello genera invisibilidad, pero no por ello deja de existir ni deja de ser rentable para el comercio, ni mucho menos. Simple-mente hay que conocer sus «diversidades» para generar planes adecuados de «venta» de bienes, productos y servicios de manera rentable. No hace falta ser economista para utilizar la lógica: debo conocer el porcentaje —o cuantificación lo más cercana a la realidad— para no caer en «pérdidas».

Hace treinta años el mercado se podía permitir el lujo de dejar fuera de su oferta de bienes y servicios a determinados sectores poblacionales por múltiples factores: era muy costosa la comunicación/publicidad de bienes y productos para «toda la población», era muy costoso hacer accesibles en-tornos físicos para que las personas con discapacidad accedieran a bienes y servicios y era muy poco rentable invertir en un sector de la población con muy poco poder adquisitivo (gran parte de la población envejecida, fuera de la actividad laboral y entornos desfavorecidos). Hoy día, la capacidad de realizar y generar publicidad, así como difundir información sobre derechos que dan acceso a bienes, productos y servicios, se ha multiplicado y hay canales de costes muy contenidos como pudieran ser las redes sociales. De igual modo, la inmensa mayoría de las actuaciones de accesibilidad y usabilidad de entornos se puede realizar mediante recursos tecnológicos mucho más potentes que hace veinte años y a costes relativamente abor-dables. La transformación digital social se debe acometer para lograr ese beneficio social de la mano del beneficio económico empresarial, única forma de hacerlo sostenible.

Lo que es «rentable» socialmente en el mundo digital es rentable económicamente. Las AAPP van a hacer uso de esa necesidad social y el ciudadano-consumidor (la parte privada «receptora comercial», donde hoy día, en el mundo digita global, no se puede descartar a nadie) lo va a comprar masivamente si le proporciona valor personal. La prueba se encuentra en los iPhone, no precisamente baratos, entre el colectivo de personas ciegas.

¿Pero cuál es el verdadero motor, la clave del beneficio social y del beneficio económico en el sector tecnológico? Sin duda, la innovación.

Ya hace varios años mantenía Daniel Carreño —presidente en España de la multinacional General Electric y de Fenin, la patronal de tecnología sanitaria— la importancia de la innovación en el sistema sanitario en asuntos como la medicina remota. Remarcaba que la eficiencia debía venir principalmente por la innovación y no necesariamente a través de la inversión, sino más bien a través de la gestión de las tecnologías y sus procesos. Del mismo modo que gran parte de las soluciones para lograr una accesibilidad tecnológica puede llegar trabajando la innovación y esta innovación puede venir por el uso que damos a las TIC que tenemos entre manos. La innovación crea riqueza económica y social, defendía también Daniel Calvo, quien, junto a Juan Cartagena, dos jóvenes ingenieros y emprendedores españoles, crearon Tecdas, un desarrollo de interfaces naturales basadas en la tecnología de Microsoft Kinect para permitir a los médicos acceder en tiempo real durante las operaciones a la información médica, las imágenes del paciente y desarrollar distintas operaciones sobre ellas. Permite controlar los equipos del quirófano con los gestos de las manos, evitando infecciones. Innovación sobre inversión ya desarrollada; es decir, innovación sobre tecnología ya presente, la Kinect. Desarrollos que suponen un evidente beneficio social, pero que también han supuesto un buen beneficio económico para la industria y su empresa.

Es sintomático que aquellos expertos que ven un poquito más allá coincidan en una afirmación taxativa: la innovación genera riqueza. Y bien es sabido que la riqueza se genera reduciendo costes sobre la investigación no necesaria e incrementando servicios sobre los gastos ya realizados en productos y servicios TIC ya reales. La innovación sobre la inversión realizada en tecnología es esencial para convertirse en tecnología social y producir beneficio económico. O, dicho de otro modo, la innovación de las ideas aprovechando los productos diseñados a través del gasto proveniente de la investigación y desarrollo.

Llevada a su máximo exponente, la verdadera innovación pasa por dotar de contenidos y servicios ampliamente sociales y útiles a las herramientas tecnológicas que vamos teniendo a nuestra disposición día a día, tomando la accesibilidad y usabilidad en sus dos vertientes como parte necesaria para ser considerada social en plenitud: material y económica. El campo tecnológico se ha convertido en un verdadero tablero de ajedrez, donde cada pieza tiene unas capacidades y funciones, desde el más simple peón a la reina, siendo cada una de ellas importante; y donde, sabiéndolas conjugar y jugar con ellas, podríamos ganar prácticamente cualquier partida en torno a la autonomía y bienestar de la persona, con el incalculable beneficio económico y social que supone. La sustitución de los libros de texto por tabletas y el acceso a contenidos y servicios educativos *online* es buena prueba de ello. Entre sus beneficios sociales se encuentra el intentar la adaptabilidad del sistema educativo digital a las capacidades funcionales del alumnado con discapacidad (bien motóricas, sensoriales o intelectuales) y mayores con escasa destreza digital o situados en territorios alejados de centros educativos o recursos físicos cercanos.

Por otro lado, la competencia tecnológica y mercantil y la urgencia de ofrecer nuevos servicios para posicionarse como líderes, y no necesariamente pensando con matices sociales, está incorporando a la tecnología de consumo posibilidades de accesibilidad, usabilidad y utilización esenciales para socializar la tecnología que despreciamos inconscientemente. Es, en esencia, lo que está ocurriendo con la masiva aparición de *apps* para dispositivos móviles como los mapeados interactivos y sistemas de guiado en entornos urbanos o carreteras. Otro buen ejemplo son las recientes aplicaciones que reconocen textos e imágenes y son capaces de leerlos o describir señales, monumentos o entornos en formato auditivo, con lo que supone para personas ciegas o con baja visión. Pero también para el turismo o la formación, con la incorporación de traducción tanto *offline* como *online* en tiempo real a múltiples idiomas. Bien, estas nuevas utilidades, con evidentes connotaciones de beneficio social, hacen que se incremente el consumo de terminales inteligentes continuamente. La industria se está dando cuenta de que incorporando soluciones de accesibilidad y usabilidad a sus aplicaciones tiene un mercado potencial de crecimiento no inferior al quince por ciento de consumidores. O, volviendo a lo mismo, un evidente incremento de beneficio económico. Es, en definitiva, la nueva economía conectada del IoT, que hace que la empresa desarrolle cada vez más productos y servicios con criterios sociales, pero también accesibles y usables, conectados entre sí y que se nutren unos de otros para buscar el beneficio social y, simultáneamente, el económico.

La aplicación personalizada a través de las *apps* puede dotarnos de una enorme cantidad de recursos para generarnos autonomía, seguridad personal y gestión del tiempo.

Afortunadamente, incluso la propia accesibilidad o usabilidad física de los distintos aparatos (TV, ordenadores e incluso tabletas y *smartphones*) va encontrando soluciones a su «inaccesibilidad de uso» innovando en su manejo, buscando este por vía inalámbrica o sin contacto. Beneficio social, sin duda, para millones de personas y facilidad de uso para todas, por lo que acabará imponiéndose, con ventas multimillonarias. La desaparición de cualquier tipo de conexión significará el final de una gran pesadilla para todos aquellos que tienen dificultades funcionales de destreza por la edad o alguna limitación o para aquellos profesionales para quienes el uso de las TIC sin contacto físico va a suponer una revolución social, eficacia y eficiencia en su profesión: médicos y cirujanos, servicios de seguridad, profesionales de la aviación, de la asistencia personal, etc. Desarrollos de interacción sin necesidad de usar ningún mando que, por cierto, también empiezan a aparecer en las gafas inteligentes o en el manejo de nuestras televisiones y entornos inteligentes.

Como epílogo podríamos citar cuatro claves y requisitos esenciales para lograr un beneficio social y un beneficio económico:

- La empresa moderna debe pensar en global, no en local.
- Incentivo. El ciudadano actual premia a la empresa que genera beneficio social.

Las AAPP disponen de potenciales herramientas para lograr el objetivo (la denominación varía de unos países a otros y de unos bloques económicos a otros, pero en todos ellos existen):

- Colaboración público-privada. El sector público debe invertir en productos, servicios y entornos accesibles y usables (es decir, sociales) para incentivar el beneficio económico de la empresa privada.
- Compra pública innovadora.

Me gustaría recordar, finalmente, tanto a nuestros responsables públicos como a aquellas empresas privadas una reflexión —creo muy acertada— del gran Séneca en estos apasionantes tiempos digitales que nos toca vivir: «*Ignoranti quem portum petat nullus suus ventus est*» (para el que ignora a qué puerto se dirige, su viento es nulo).

Juan Carlos Ramiro Iglesias es licenciado en Derecho y máster en Tecnologías de la Información y Comunicación por la UNED. Asesor de la Secretaría de Estado de Política Social en el Ministerio de Trabajo y Asuntos Sociales, director general de Coordinación de Políticas de Discapacidad en los ministerios de Educación y Sanidad y director general en el Centro Nacional de Tecnologías de la Accesibilidad (CENTAC) sucesivamente. Actualmente, CEO de AISTE (Accesibilidad Inteligente Social Tecnológica).

Twiter: @jcramiroi
LinkedIn: https://www.linkedin.com/in/juan-carlos-ramiro-iglesias/
Facebook: https://www.facebook.com/juancarlos.ramiroiglesias
Blog: http://juancarlosramiro.blogspot.com/
Canal YouTube: https://www.youtube.com/channel/
UConnBRpJ4wDpEOE_51ub4gw/videos

Tecnologías de apoyo al puesto de trabajo

Paloma Cid Campos (Fundación ONCE)

El término «tecnologías de apoyo» es la traducción del inglés *assistive technologies*. En España tradicionalmente se han llamado «ayudas técnicas», aunque el término definido en la ISO 9999 en castellano es «productos de apoyo» y se definen en esta norma como cualquier producto (incluyendo dispositivos, equipo, instrumentos y *software*), fabricado especialmente o disponible en el mercado, utilizado por o para personas con discapacidad y destinado a:

- Facilitar la participación.
- Proteger, apoyar, entrenar, medir o sustituir funciones, estructuras corporales, estructuras y actividades.
- Prevenir deficiencias, limitaciones en la actividad o limitaciones en la participación.

Esta definición abarca desde unas gafas hasta el más sofisticado desarrollo que permita a una persona participar en una actividad. Porque la función más importante de estas tecnologías es precisamente esa: prevenir limitaciones en la participación.

La «Clasificación Internacional del Funcionamiento, de la Discapacidad y de la Salud» de la OMS (2001) introduce las actividades y la participación como componentes fundamentales de funcionamiento y discapacidad. El capítulo 8, titulado «Áreas principales de la vida», define las tareas y acciones necesarias para participar en las actividades laborales.

Por tanto, en este capítulo se pretende describir cómo las tecnologías de apoyo y su desarrollo permiten el acceso de las personas con discapacidad al mundo laboral y lo que las tecnologías de la información y la comunicación han supuesto para esta área.

Cuando se habla de trabajo, cada persona tiende a pensar en las características de su propia ocupación: tareas administrativas, comerciales, médicas, de ingeniería, relacionadas con la agricultura, etc. Habría que consultar la clasificación internacional uniforme de ocupaciones para darnos cuenta de la variabilidad de tareas que puede implicar el desempeño laboral.

Sin embargo, la lista de posibilidades se reduce considerablemente en el caso de las personas con discapacidad. Las opciones que tienen para desempeñar un puesto de trabajo son inversamente proporcionales a las limitaciones físicas, cognitivas y sensoriales que tengan.

Ninguna persona, con o sin discapacidad, posee habilidades suficientes para desempeñar cualquier puesto de trabajo. Sin embargo, se da la situación de que muchas personas en edad laboral con discapacidad no pueden acceder a un puesto, pero no por sus limitaciones personales, carencia de conocimientos o aptitudes, sino por la falta de adaptación del entorno, que impide su participación.

En los últimos años la tecnología ha agilizado la realización de diversas tareas dentro del ámbito laboral, pero para las personas con discapacidad esta revolución no se ha limitado a esto, sino que ha supuesto la posibilidad de acceder, por primera vez, a muchos puestos que hasta el momento estaban fuera de su alcance.

Las tecnologías son esenciales para el desempeño de las funciones de muchas personas con discapacidad, en muchas ocasiones simplemente por el hecho de permitirles la realización de tareas en los mismos tiempos de ejecución que otros trabajadores. Es decir, no siempre son fundamentales para desarrollar una tarea, sino para equiparar las oportunidades de todas las personas.

Pero ¿de qué tecnologías estamos hablando? ¿Son todas ellas elementos complejos y con un elevado coste?

Las tecnologías de apoyo que las personas con discapacidad precisan dependen de sus capacidades, que no de sus limitaciones, y de las tareas que realizar.

En ocasiones se necesita un producto de apoyo que no existe en el mercado convencional, sino que se ha desarrollado exclusivamente para el ámbito de la discapacidad. De hecho, uno de los principales hándicaps que existen con las tecnologías de apoyo diseñadas específicamente para las personas con discapacidad suele ser el acceso a las mismas y el coste, que se percibe como gasto y no como inversión.

Sin embargo, esto no siempre es así. Las tecnologías disponibles en el mercado convencional se pueden poner a disposición de las personas.

Pongamos como ejemplo el uso de los teléfonos móviles y tabletas. Estos dispositivos son, sin duda, una herramienta normalizada de uso en múltiples puestos de trabajo y no solo en aquellos que tienen que ver con trabajo de oficina. Se encuentran presentes en transporte, comercio, vigilancia, revisores de instalaciones de gas y electricidad, seguros, etc.

A nivel general, su uso en los puestos de trabajo ofrece una serie de ventajas. Permiten desempeñar tareas independientemente de la ubicación física del trabajador, lo que las hace imprescindibles para el teletrabajo y necesarias para las políticas de conciliación familiar. Además, facilitan el acceso a información sin que sea necesario que el trabajador o trabajadora lleve consigo documentación en papel y permitiendo acceso rápido y sencillo. Asimismo, ofrecen la posibilidad de comunicarse utilizando imágenes, audio y texto con cualquier persona, esté donde esté. Lo que pocos saben es que estos dispositivos también incorporan opciones de accesibilidad que permiten su uso a personas ciegas, con baja visión, sordas o con hipoacusia, con movilidad reducida y con discapacidad intelectual, aunque en este último caso las opciones son más limitadas.

Igualmente, existen numerosas aplicaciones desarrolladas para ofrecer oportunidades de participación a las personas con discapacidad. Algunas, por ejemplo, permiten a una persona sorda leer, en tiempo real, lo que otra persona está diciendo por teléfono. Otras ofrecen información del entorno a personas ciegas o con baja visión cuando su uso se combina con códigos Bidi. Hay aplicaciones que incluso permiten programar tareas secuenciadas para que una persona sepa en todo momento qué hacer o cómo utilizar diferentes elementos como la fotocopiadora.

En definitiva, los móviles y tabletas, tan habituales en nuestro día a día, son una potente herramienta para el acceso al empleo y la participación en la vida diaria.

Ninguno de los elementos que hoy en día consideramos tecnológicos e imprescindibles en el desarrollo de nuestro trabajo fue ideado, inicialmente, teniendo en cuenta criterios de accesibilidad universal y diseño para todas las personas; esto es, diseñar pensando en el mayor número de personas posibles para que las necesidades de adaptaciones especiales disminuyan.

Muchas de estas opciones fueron para facilitar el puesto de trabajo a determinados profesionales. Tal es el caso, por ejemplo, de los sistemas de reconocimiento de voz, que permiten dictar en lugar de teclear, ahorrando un tiempo considerable en aquellas profesiones en las que se precisa la escritura de textos largos. Cuando se desarrolló esta tecnología probablemente no se estaba pensando que iba a permitir escribir en diferentes dispositivos a personas con problemas de movilidad en las manos.

En otras ocasiones se ha aprovechado la investigación en diferentes campos de actuación para desarrollar tecnologías específicas para personas con discapacidad. Tal es el caso de los dispositivos de entrada basados en el uso del movimiento de los ojos para desplazar un puntero por una pantalla de ordenador, que nacen de tecnologías desarrolladas para estudiar dónde miran las personas cuando se representa un estímulo objetivo con fines comerciales y publicitarios.

De este modo, aprovechando los avances que se hacen pensando en las personas sin discapacidad, es como se han ido adecuando las tecnologías para convertirse en llave de la participación de muchas personas.

No obstante, proporcionar a una persona un ordenador y un móvil no es suficiente para posibilitar su participación laboral. Hay que cerciorarse de que las herramientas tecnológicas que ofrecemos tienen las características de accesibilidad necesarias para que se conviertan en un aliado y no en una barrera y fuente de frustración.

Para evitar esta situación se precisa una adecuada valoración de los puestos de trabajo y las capacidades de las personas. También se debe contar con productos que estén diseñados bajo el paradigma del diseño para todas las personas.

Tal y como se menciona en la Declaración de Estocolmo del European Institute for Design and Disability (EIDD) de 2004, «el buen diseño capacita; el mal diseño discapacita».

Otra de las grandes ventajas a las que ha dado lugar el uso de dispositivos tecnológicos es la posibilidad de teletrabajar. Esta modalidad supone la posibilidad de conciliar la vida familiar y laboral. Además, en determinadas ocasiones permite mantener periodos de descanso imprescindibles para muchas personas, organizar los horarios para compatibilizarlos con sesiones de rehabilitación y adecuar los periodos más productivos a los momentos del día en los que la persona es más funcional.

No podemos olvidar que el desarrollo tecnológico ha dado lugar a la aparición de nuevos puestos de trabajo. *Big data*, diseño e impresión 3D y *gamificación* son algunas de las áreas de negocio emergentes a nivel mundial. Suponen la creación de perfiles laborales y puestos de trabajo totalmente nuevos, en los que las personas con discapacidad encuentran una oportunidad y un reto.

Tener la actitud adecuada para querer trabajar y contar con las tecnologías de apoyo necesarias no es suficiente para que las personas con discapacidad accedan al mundo laboral. Es imprescindible que la sociedad en general y los empleadores en particular entiendan que la contratación de una persona con discapacidad es el aprovechamiento del talento diverso, que redundará en beneficio de la compañía.

Para lograr esa actitud positiva frente a la contratación de personas con discapacidad es necesario que se ofrezcan apoyos en varios aspectos. No obstante, en el caso concreto de las tecnologías de apoyo, el mayor problema con el que se encuentran es no saber qué puede necesitar una persona con discapacidad y dónde conseguirlo.

Por tanto, el desarrollo tecnológico ha posibilitado la inclusión de más personas con discapacidad al mundo laboral, influyendo en cuatro aspectos fundamentalmente:

- Permitiendo desarrollar nuevos productos de apoyo específicos.

- Permitiendo realizar tareas de manera diferente, siendo necesarias, por tanto, capacidades motoras, sensoriales y cognitivas menos exigentes.
- Posibilitando el teletrabajo y la desvinculación de la tarea a un lugar y horario concretos.
- Favoreciendo la aparición de nuevos empleos que precisan el uso de tecnologías que sí están o pueden adaptarse a las capacidades de las personas.

Este esperanzador panorama supone asimismo afrontar una serie de retos para toda la sociedad:

- Fomentar el conocimiento entre toda la población, personas con discapacidad incluidas, de lo que las tecnologías permiten actualmente.
- Concienciar a los desarrolladores de productos y tecnología para que tengan en cuenta el diseño para todas las personas.
- Capacitar a las personas con discapacidad en el uso de las tecnologías de apoyo que más se adecuen a sus capacidades.
- Formar a las personas con discapacidad en las habilidades necesarias para acceder a nuevos puestos de trabajo que les permitan trabajar de una manera más flexible.
- Ofrecer a los empleadores recursos para que la incorporación de una persona con discapacidad en sus plantillas no se perciba como un hándicap, sino como una oportunidad de enriquecimiento de la compañía a través del talento y la diversidad de sus trabajadores y trabajadoras.

Es tarea de todos que el desarrollo tecnológico sea un aliado para que las personas con discapacidad participen plenamente de todos los aspectos de la vida, especialmente de lo que supone la incorporación al mundo laboral.

Paloma Cid Campos es diplomada en Terapia Ocupacional por la Universidad Complutense de Madrid, posgrado en Geriatría y Comunicación Aumentativa y Alternativa por el Centro Superior de Estudios Universitarios La Salle.

Formada en Estimulación Sensorial en Asgreen Specialist Learning Disability Service (Chesterfield) y en Intervención en Integración Sensorial por la Universidad de Southern California (Aytona Tosa).

Ha desarrollado su actividad vinculada con productos de apoyo, tecnología y discapacidad durante más de diecinueve años en Ilunion Salud. Es profesora del MOOCD «Vivienda accesible», que se imparte en el canal de Fundación ONCE, dentro de los cursos de UNED abierta.

Ha publicado diversos artículos en revistas especializadas del sector de la discapacidad. Desde 2017 forma parte del área de Accesibilidad Universal e Innovación de Fundación ONCE.

www.twitter.com/Fundacion_ONCE
www.facebook.com/fundaciononce
www.instagram.com/fundaciononce
https://es.linkedin.com/company/fundacion-once-inserta

La digitalización en la comunicación y la prensa

Andrés Dulanto Scott

La digitalización o la Cuarta Revolución son términos que escuchamos varias veces al día. Estos cambios tecnológicos no solo han transformado el modo de relacionarnos (o aislarnos). Han revolucionado todos los sectores y el modo en el que la información —enviada desde un medio o desde una empresa— llega hasta nosotros.

Los medios de comunicación están en una mutación que aniquila a algunos y mejora a otros. Y, al igual que los departamentos de comunicación de muchas empresas, la brújula que debería guiarles está desimantada por la transformación que han sufrido sus públicos y clientes.

En este proceso se ha producido un doble cambio, ya que se han transformado tanto los modos de crear información como las plataformas en las que se reciben los mensajes.

Ha sido necesario modificar las rutinas periodísticas e implementar nuevas herramientas, que han eclipsado a muchas tradicionales. En esta transformación se pide a los medios más inmediatez, más interacción con el receptor, más especialización en las plataformas y, además, mantener la credibilidad y el rigor.

La digitalización supone una mutación distinta para periodistas, gestores y productos, dependiendo del tipo de medio.

Por ejemplo, en televisión hay una mayor fragmentación de audiencias y una mayor necesidad de aportar un valor añadido y diferenciarse. Hay que conquistar a un público que ha cambiado los receptores en el salón de su casa por las pantallas de sus habitaciones o las de sus *smartphones*. Meterse en programaciones «autoelaboradas» por el usuario y al mismo tiempo mantener a la audiencia tradicional no es nada fácil y supone un gran reto y un profundo cambio de mentalidad y operativas.

En cuanto a los medios «escritos», la digitalización no puede reducirse a hacer una mera versión web de, por ejemplo, un periódico de papel, con textos redactados para una publicación analógica. Es necesario hacer productos según el formato, con elementos multimedia cada vez más presentes. Para ello se tiene que contar (y pagarles, claro) con periodistas especializados, que sean capaces de elaborar acciones informativas «vendibles» en los formatos por los que se apueste.

No se puede escribir igual un artículo que va a ser leído en un papel que el que se verá en una tableta o el que se visualizará en un móvil. Por no mencionar si, como hemos comentado, es un trabajo periodístico que combina texto, audio y vídeo.

La digitalización y los nuevos dispositivos harán que en pocos centímetros los internautas puedan leer el periódico, ver la televisión, escuchar la radio, hablar por teléfono, seguir las redes sociales e interactuar con las empresas.

En esta cascada de información la figura del periodista ha tomado, además, un nuevo rol de «filtrador» de contenidos para los usuarios, ya sea desde un medio o desde una empresa.

Por supuesto, para muchos lectores el papel no es sustituible, por mucha digitalización de la que hablemos, y se complementa con la información *online*.

Es cierto que el formato impreso es el canal idóneo para las publicaciones más elaboradas, con más análisis, con más contenidos enriquecedores; pero lo que, lamentablemente, también es cierto es que la mayoría de los receptores de información de las próximas décadas prácticamente no ha abierto un periódico en su vida.

Solo hay que preguntar a los jóvenes de entre veinte y treinta años si leen periódicos y las respuestas son «sorprendentes» e incluso «deprimentes» para los que creen que los rotativos en papel son inmortales.

Está claro que estamos en un nuevo campo de batalla y no sabemos si utilizamos las armas adecuadas para ganar el combate. Sin olvidar que aún no está definido cómo lograr los suficientes ingresos para librar esta guerra y los medios se dirigen a un consumidor que está acostumbrado a acceder a información gratis, rápida y global.

Además de que los ingresos por publicidad han caído en picado, lo que no es sostenible ni justo es que las noticias que recorren las webs y las redes sociales sean «gratis total».

Para poder reconvertirse y financiarse, los medios tienen que establecer modos de pago por contenidos elaborados o sistemas fructíferos de suscripción, de colaboración o de asociación.

Se ha acostumbrado al lector digital a que no pague por leer noticias, recibir artículos o interactuar con el medio. Esto es un grave error, fomentado por los medios, que llevará a la ruina a muchos de ellos.

Ante esta complicada situación, si en lugar de formar a nuevos profesionales o liberar a los «clásicos» para que puedan redactar las distintas versiones se dobla el trabajo de estos últimos, los enfrentamientos en las redacciones entre lo digital y lo analógico se incrementarán.

Estas «batallas» existen y suponen perder talento, formación y, lo que es más preocupante, dejar pasar la oportunidad de digitalizarse y dirigirse a gran velocidad hacia el fracaso.

La digitalización supone una transformación del periodista y nuevos cometidos, pero también le ha permitido ser más rápido a la hora de informar de algo, tener más herramientas de difusión y llegar a más audiencia, eliminando, por ejemplo, desplazamientos a la redacción para informar desde allí, circunstancia que puede parecer obsoleta, pero que es de ayer mismo.

Sin embargo, la competencia acelerada por la digitalización y en las redes ha provocado que muchos periodistas tuiteen una información antes de reflexionar sobre ella y ponerse en contacto con su central.

Estas operativas, esta velocidad en los flujos de información, han provocado que cualquier tuitero aparezca ante la sociedad como un periodista aunque no lo sea. Leemos un tuit, que en más de una ocasión se vuelve viral, sin prestar atención a quién está informando.

Por eso es importante esa labor de filtrador. Los periodistas tenemos que acreditar con nuestro sello lo que publicamos en una web o en redes y nuestro medio debe ser la garantía que hace que las audiencias y los seguidores de perfiles puedan fiarse de una información.

Al analizar las nuevas operativas, los nuevos modos de hacer periodismo, la necesidad de crear distintos productos si se van a utilizar distintos tipos de redes, la urgencia necesaria para ser competitivo o la obligación de hacer de filtro, una realidad es tan clara como ineludible: hacen falta plantillas lo suficientemente grandes como para hacer todo esto con calidad.

Precisamente por esto se puede defender que la digitalización no destruye: transforma y provoca que sean necesarias muchas «manos» y «cerebros» tanto en los medios como en los departamentos de comunicación de las empresas.

La comunicación de las compañías

La digitalización no solo hace evolucionar a los medios. Ahora las empresas tienen que informar e interactuar con clientes, accionistas y grupos de interés de un modo activo y proactivo mucho más intenso que hace pocos años.

Tradicionalmente las empresas se desnudaban y mostraban sus vergüenzas en contadas ocasiones durante el año. Independientemente de tener que informar a los supervisores (como cotizadas) de determinados hechos, circunstancias u operaciones, las juntas de accionistas solían ser los escenarios en los que se enfrentaban a los momentos y «comentarios» más desagradables.

Obviamente, cuando un medio de comunicación informaba de algo muy negativo para una compañía, esta solía reaccionar e informar utilizando la prensa para comunicarse con la sociedad.

Sin embargo, todo esto ha cambiado. Ahora las compañías tienen que estar atentas a lo que circula sobre ellas en las redes sociales. Ya no vale con tener una actitud de empresa muda y ni siquiera responder a las quejas que podían llegar por carta, en una llamada telefónica o a través de un medio, bien colaborando en un artículo o publicando algo en las ya arcaicas «cartas al director» de un periódico.

La digitalización ha hecho que los consumidores y los grupos de interés tengan vías de comunicación con las compañías de un modo más directo. Estas vías no son unidireccionales, ya que, al ser públicas —y como los mensajes llegan a la «sociedad conectada»—, las compañías rápidamente responden e intentan apaciguar el posible incendio.

Esta circunstancia ha provocado que los grupos empresariales necesiten a expertos en redes y se lancen a la búsqueda de *community managers* o figuras parecidas para que les asesoren y actúen en unos casos que son nuevos y aterradores para muchas empresas.

El problema es que no es oro todo lo que reluce y la digitalización también está provocando que florezcan nuevos gurús en información digital que después no tienen ni la experiencia necesaria a la hora de informar adecuadamente ni la capacidad de asimilar el espíritu y la estrategia de la empresa.

Se han producido infinidad de casos en los que una respuesta desafortunada de un responsable de redes sociales de una empresa ha supuesto arrojar gasolina a un incendio.

Por eso es muy importante que los cambios que se están produciendo en esta cuarta revolución industrial no se traduzcan en contratar al personal inadecuado o que erróneamente se decida estar en una red o adentrarse en la comunicación digital sin analizar primero si de verdad es conveniente estar antes de haberse preparado adecuadamente y contratado al personal adecuado.

En esta transformación los departamentos de comunicación de las grandes compañías están convirtiéndose en auténticas redacciones de un medio.

Al tener la financiación necesaria, están contratando a decenas de periodistas, nuevos y consolidados, e intentando que estén especializados en las distintas herramientas que actualmente se usan en la comunicación interna y externa de las empresas.

No voy a nombrarlos, pero hay gabinetes de comunicación de más de una docena de empresas en España que superan, en número de trabajadores, a la plantilla de uno de los principales diarios económicos de este país.

Si, además, contamos a los empleados asignados a los departamentos denominados «marca», el número aumenta considerablemente. Esto es consecuencia del incremento de actividades que se realizan.

Ya no se informa solo con una nota de prensa de los resultados de cada trimestre o cuando se saca al mercado un nuevo producto. Ahora se retrasmiten vídeos en *streaming*, se difunde por Periscope, se realizan *webinars* y encuentros interactivos con empleados y periodistas, *coaches* o contertulios famosos y se mueve toda la información en Twitter, Instagram o Facebook.

El incremento de actividades y competencias en la revolución digital también provoca errores y algunas empresas creen tener el poder de la comunicación en sus manos y pretenden sustituir a los medios para llegar a la sociedad en todos los casos.

No hace muchos meses, el departamento de prensa de una compañía «importante» en España envió a los medios una «entrevista» realizada por ellos mismos a su máximo responsable. Muchos medios no lo publicaron, porque una cosa es enviar un comunicado o un hecho relevante a la CNMV y otra es intentar «colar» un contenido propio e intencionado como si fuera una entrevista hecha por un profesional externo.

En este nuevo ecosistema aún hay que aclarar las funciones de cada actor y no intentar actuar en todos los escenarios y asumir competencias ajenas.

Infinidad de departamentos de comunicación aún tienen mucho por hacer para aprovechar las nuevas herramientas. Se podrían retrasmitir todas las ruedas de prensa por *streaming*, se podrían abrir al público en general los *conference call* con los analistas bursátiles, se podrían hacer relatos en Twitter de todos los eventos con narradores cualificados.

Sé que varias de estas acciones se realizan por algunas empresas, pero no son la mayoría. La digitalización, las redes, el *blockchain* o el *streaming* no son modas pasajeras. Son personajes que estás presentes en nuestras vidas y que lo están cambiando todo. Todas las empresas, y no solo los medios, tienen que adaptar operativas a los nuevos modos de comunicación.

En una sociedad digital, con unos consumidores cada vez más demandantes, informados y exigentes, los nuevos canales de comunicación entre usuarios, periodistas y compañías están evolucionando constantemente.

Estamos viendo cómo la digitalización está transformando a la sociedad y los modos en los que nos comunicamos han cambiado profundamente. Los medios tienen que adaptarse al nuevo entorno, manteniendo la esencia del periodismo y recuperando su importante papel en la democracia como garantes de la verdad.

Un periodista tiene que seguir alimentando su credibilidad por encima de otros intereses de la empresa en la que trabaja. No puede caer en que su principal objetivo sea lograr el mayor número posible de visitas a una noticia publicada en una web.

Un medio de comunicación no es una red social y la calidad y la autenticidad de lo que publica es lo que hace que sea necesaria su existencia para que el sistema siga siendo libre y no una recopilación de las imágenes que, por intereses políticos o económicos, se puede querer que empapen a la sociedad.

Por su parte, las empresas deben aprovechar las nuevas herramientas digitales para conectar aún más con sus clientes, accionistas y grupos de interés.

Ya no es una opción: es una necesidad para seguir adelante.

Andrés Dulanto Scott, director corporativo en Specter y exdirector de contenidos digitales de EFE y de EFEemprende.

Periodista licenciado en Ciencias de la Información en la Universidad Complutense de Madrid en 1997, tras haberse formado también en Periodismo en la Universidad CEU-San Pablo y en Estados Unidos. Ha desempeñado la mayoría de su carrera profesional en las secciones de Economía de la agencia de noticias EFE, la cuarta del mundo y la primera en castellano.

www.linkedin.com/in/andrés-dulanto-scott
Twitter: @AdsDulantoScott
Instagram: @adulantoscott

La transformación digital en la industria audiovisual

Luis Oliván Jiménez

La transformación digital ha llegado. Y ha llegado para quedarse. Está escribiendo una nueva realidad en todas las industrias, pero en el sector de los medios de entretenimiento audiovisuales este cambio es mucho más profundo. La tecnología lleva a que los clientes tengan un control máximo sobre sus experiencias de entretenimiento.

Ahora los consumidores se muestran dispuestos a pagar por el consumo de programación audiovisual y de entretenimiento, ya sea con tarifas de suscripción que dan derecho a disfrutar de todo el contenido que ofrezca la plataforma digital o viendo publicidad a cambio del disfrute de dicho contenido.

Con el aumento del uso de la telefonía (redes 4G y 5G) y de dispositivos portátiles, la búsqueda y el consumo de este tipo de contenido están centrando el negocio audiovisual actualmente.

Contenidos musicales

La industria musical es uno de los sectores que ha experimentado una transformación digital revolucionaria como consecuencia de la digitalización del mercado. No solo ha cambiado la forma en la que escuchamos, compartimos o consumimos la música, sino que también han cambiado los formatos y los productos. Las colecciones de discos son cosa del pasado; el consumidor lo que desea es escuchar la música que quiere y cuando quiere, sin límites y sin tener que adquirir o poseer discos o canciones. El auge del *streaming* bajo demanda es una realidad. El líder en el mercado de la música en *streaming* es Spotify, que cuenta con 210 millones de usuarios, de los cuales cien millones son suscriptores del servicio prémium. Como principal competidor de Spotify se encuentra Apple Music, con más de cincuenta millones de usuarios.

Analizando las cifras de consumidores y de los beneficios económicos de estas plataformas, podemos asegurar que la transformación digital ha hecho resurgir a las discográficas y a los artistas, que estaban sumergidos en una auténtica crisis. El sector discográfico antes de la digitalización tenía un duro competidor: la piratería.

Prácticamente todas las plataformas ofrecen su servicio a través de aplicaciones móviles o de *smart TV* en dos modalidades, una de servicio prémium sin interrupción por anuncios, con una experiencia total del consumidor, y otra que es gratuita y que tiene la desventaja de que las canciones son interrumpidas por publicidad. Es aquí donde está surgiendo otro modelo de negocio para generar ingresos. A medida que los usuarios pasan más tiempo en las aplicaciones de las plataformas musicales los presupuestos en publicidad aumentan.

El futuro de la industria musical pasa por la incorporación de la inteligencia artificial (IA), que se encargará de analizar lo que estamos escuchando o analizará el ambiente en el que estamos para poner en lista de reproducción la canción idónea para la ocasión. Además, ya existen aplicaciones que, basándose en la IA, componen listas musicales según el estado de ánimo del usuario.

Contenidos de entretenimiento

La industria del videojuego está en auge. En 2018 registró un aumento del dieciocho por ciento, llegando a los 43.000 millones de dólares, en comparación al año anterior. Los consumidores de todas las edades e intereses encontraron un contenido muy atractivo en los juegos, tanto de móviles, consolas o PC.

Estamos hablando de un sector que avanza tecnológicamente de forma muy rápida, pero que también está sujeto a la transformación digital.

Se estima que para 2022 el cien por cien del negocio del videojuego será digital. Las siguientes generaciones de consolas carecerán de lector óptico y, de entrada, de formatos físicos de juegos; estos quedarán relegados a ediciones de coleccionistas.

El próximo paso en la transformación digital de la industria del videojuego será construir plataformas que no dependan del *hardware* interno para mover los juegos. Y aquí nos encontramos con el juego por *streaming* o *cloud gaming*.

El *cloud gaming* es el juego en la nube. Google apuesta por su plataforma Stadia, mientras que Microsoft ha creado Project xCloud. Saben que hacer esta experiencia accesible al gran público multiplicará el retorno de la inversión.

Este sistema consiste en que los juegos están almacenados en un servidor remoto, en una plataforma que se encarga de todo su procesamiento. Sería algo así como el Netflix de los videojuegos. El usuario paga una suscripción y puede jugar en *streaming* desde cualquier dispositivo y en cualquier lugar. Esto podría suponer un cambio de paradigma en el sector del videojuego gracias a las ventajas que ofrece.

Ventajas

- La primera de ellas es que, al ser en *streaming*, no hay que descargar ni instalar nada, lo que se traduce en un ahorro de espacio y de tiempo.
- La segunda es que el *cloud gaming* no depende de ningún dispositivo específico. Se podrá jugar desde una tableta o desde un móvil a juegos que tradicionalmente dependían de un ordenador potente o de una consola concreta para poder funcionar.

Desventajas

- Los problemas de latencia y compresión de la imagen son, hoy en día, un asunto pendiente de resolver. No se trata solo de reproducir la imagen, como en el caso de una película, sino de interactuar con otras personas, jugadores. Esto implica que esos jugadores al interrelacionarse con el mando dan unas órdenes que el servidor del juego debe interpretar y volver a mandarnos la señal con dicha orden ejecutada. Y todo en un tiempo imperceptible.

La solución a estos problemas de transformación digital es la tecnología 5G. Llevamos semanas escuchando sus virtudes y las posibilidades que ofrecerá son tan atractivas que ya se ha convertido en una herramienta de competitividad estratégica para los próximos años. El 5G no es más que una red de datos móviles. Eso sí, una red que supone un gran salto exponencial en cuanto a su predecesor, el 4G.

¿Y qué tiene que ver el 5G con la digitalización de la industria del videojuego? Pues la verdad es que todo. El 5G es la herramienta que posibilitará el juego en la nube. Al delegar todos los procesos en servidores externos, lo único que va a necesitar el usuario es una red rápida, estable y con una baja latencia, es decir, con una respuesta casi inmediata, que es lo que ofrecerá el 5G. Ya hay muchas empresas compitiendo por liderar el juego en la nube. Lo que hace el 5G no es inventar nada por sí mismo, sino posibilitar la transformación tecnológica del futuro de los videojuegos.

Otra parte de la transformación digital del *gaming* pasa por la realidad virtual y la realidad aumentada. Estas tecnologías ofrecen una experiencia de usuario única y esta forma de jugar cobra cada día más protagonismo. Compañías como Apple están centrándose en el desarrollo de estas experiencias. «La realidad aumentada es el futuro del iPhone. Creo que algún día nos preguntaremos cómo hemos podido vivir sin ella. El iPhone es el mejor teléfono para disfrutar de la realidad aumentada. Y la cantidad de experiencias en realidad aumentada crecerá de manera exponencial», comentó recientemente Tim Cook, CEO de Apple.

Contenidos audiovisuales

La industria de la televisión se ha visto afectada por la transformación digital. La forma de ver contenidos de vídeo en los hogares o fuera de ellos ha cambiado.

La televisión tradicional tiene las horas contadas, no solo porque el consumidor no quiere ver la programación de forma lineal, sino porque la gente quiere consumir el contenido digital donde sea y cuando sea, bajo sus reglas, horarios, etc.

Los datos nos confirman que actualmente ya existen más usuarios que ven contenidos por suscripción que espectadores de televisión tradicional. Se calcula que unos ochocientos millones de personas en el mundo disfrutan de contenidos digitales de plataformas como HBO, Netflix o Amazon Prime. Además, la cifra de estos contenidos que se visualiza a través del móvil asciende al veinte por ciento.

Esta transformación no solo se centra en las plataformas o en el modo de visualizar los contenidos. También hay que destacar el cambio obligado en la calidad en la distribución: la producción en 4K se ha convertido en el estándar de producción. Los usuarios de las plataformas digitales exigen como mínimo calidad 4K para satisfacer su experiencia en el *streaming* de las películas o series.

Actualmente estos son los cambios que ha habido en la industria audiovisual, pero gracias a las nuevas tecnologías y a la transformación digital que está en marcha el futuro predice grandes e interesantes transformaciones.

Con la implantación de la tecnología 5G no solo aumentará la capacidad de los usuarios para visualizar contenidos digitales en sus teléfonos móviles, sino que cambiará la forma de capturar el contenido. La producción de noticias y contenidos de forma virtual y en la nube será posible gracias a la conectividad móvil 5G. Muchas productoras saben que esta forma de producir contenidos tiene una gran cantidad de ventajas. Se beneficiarán de la selección de contenido descentralizado, ya que a partir de ese momento será posible generar nuevo contenido, trabajar colaborativamente con él, compartirlo y publicarlo en cualquier momento y lugar. El periodismo de a pie será el gran beneficiario, ya que tendrá múltiples opciones a la hora de cubrir cualquier evento. Todo esto también afectará a la manera de las producciones, puesto que el uso de la producción virtualizada tiene unos costes menores frente a la producción tradicional.

La producción audiovisual también se ayudará del *big data* para generar contenidos. A partir de los datos que generan los usuarios, las productoras pueden predecir qué tipo de contenidos se ajustan a los gustos del espectador final y en qué momento del día los visualiza. Con el 5G se generarán grandes cantidades de vídeo con mayor calidad para el disfrute del cliente, pero la clave es cómo la IA será capaz de sacar partido a todo ese volumen de metadatos generados para posteriormente facilitar una mayor creación de contenidos nuevos y originales, basados en tendencias e investigaciones.

Para generar experiencias únicas y personalizadas la industria audiovisual se va a volcar en la producción de la realidad mixta en el contenido audiovisual. Esto tendrá como resultado que la audiencia muestre mayor interés por contenidos digitales.

La tecnología de realidad virtual se está perfeccionando y abaratando, estando ya presente en consolas como PlayStation VR y plataformas como YouTube, lo que hace que el camino hacia la realidad mixta esté más cerca de ser una realidad.

Como consumidor de vídeo, la tendencia de visualización es la retransmisión en directo. La facilidad con que las personas pueden emitir a tiempo real y ver el vídeo ha fomentado el crecimiento de la transmisión en vivo. Mientras que la televisión tradicional está teniendo una «muerte lenta», la emisión en directo crece gracias a los nuevos móviles, cámaras con conexión a Internet y, sobre todo, a la tecnología 4G y 5G.

Todos estos cambios también tendrán repercusión en el mundo laboral, puesto que se necesitará cubrir una gran cantidad de puestos de trabajo muy especializados para poder dar cobertura a todos estos cambios y a estas nuevas producciones, que exigirán una serie de cualificaciones específicas imprescindibles en el sector audiovisual. Ingenieros de retransmisión de vídeo a través de IP, familiarizados con la tecnología de la información y especializados en la distribución digital y las plataformas audiovisuales de comunicación, tendrán un perfil muy codiciado.

Como conclusión, podemos afirmar que la transformación digital en el sector audiovisual ha llegado para potenciar la calidad de contenidos —el consumidor es el que decide cómo, cuándo y dónde ve dichos contenidos— y para generar unas experiencias de usuario únicas, que la televisión lineal y tradicional no podía satisfacer.

Luis Oliván Jiménez es subdirector y realizador del programa *Emprende*, que emite Televisión Española en sus diferentes canales nacionales e internacionales. Imparte clases en el Instituto RTVE, formando a los alumnos en la realización de reportajes y documentales. Autor de los libros *Píldoras para emprender* (2015), *Emprender en la era digital* (2017) y *APPtualízate* (2019).

www.twitter.com/LuisOlivanTV
www.facebook.com/libroAPPtualizate/
www.linkedin.com/in/LuisOlivan

La Cuarta Revolución Industrial: o cambias o te cambian

Antonio Serrano Acitores

1. La tecnología como catalizadora de la revolución tecnológica

Todo está cambiando a una velocidad vertiginosa y aún no te has dado cuenta:

- El *e-mail* ha desbancado al correo postal.
- WhatsApp ha destruido el negocio de SMS de las compañías de telefonía.
- Netflix ha conseguido que no queden casi videoclubes y que menos gente vaya al cine.
- Booking es una gran amenaza para las agencias de turismo.
- Google ha cambiado la forma de obtener información.
- Airbnb está causando grandes dolores de cabeza a los dueños de los hoteles.
- Las redes sociales han hecho muchísimo daño a los medios de comunicación.
- Facebook mata poco a poco a los portales de contenido.
- Twitter condiciona la actividad política.
- El *curriculum vitae* está siendo sustituido por LinkedIn.
- Instagram está remplazando a las revistas de moda y creando modelos e *influencers*.
- Tinder ha cambiado la forma de ligar.

- Las empresas de televisión están en riesgo por culpa de YouTube.
- Spotify y iTunes han cambiado la manera de consumir música.
- 21 Buttons está modificando la forma de vender y comprar ropa.
- Los *smartphones* están acabando con las cámaras de fotografía.
- Uber y Cabify han puesto en pie de guerra a los taxistas.
- Blablacar hace la vida imposible a las compañías de transporte, sobre todo a las de autobuses.
- El *car sharing* está perjudicando seriamente la compraventa de vehículos.
- Los coches eléctricos amenazan a las empresas petrolíferas.
- Waze es el sustituto perfecto y mejorado del GPS.
- La nube está inutilizando el uso del *pendrive*.
- Wikipedia ha fagocitado las enciclopedias y diccionarios.
- Amazon tiene en jaque a grandes superficies como El Corte Inglés.
- El *blockchain* amenaza a los bancos.
- Todas las tareas susceptibles de ser automatizables se automatizarán.
- El *big data*, la inteligencia artificial y la robótica van a destruir muchos puestos de trabajo.

Pero no hay que tener miedo, porque los negocios vinculados a las nuevas tecnologías han hecho que surjan nuevas profesiones que hace unos años eran impensables.

El analista de datos, el experto en ciberseguridad y el *community manager* son ejemplos de ello. Es más, el noventa por ciento de los puestos de trabajo requerirá al menos unas capacidades digitales básicas.

Y es que la revolución digital ya está aquí y no es opcional: o cambias o te cambian. Pero ¿en qué consiste esta cuarta revolución industrial?

2. Entendiendo la cuarta revolución industrial

Actualmente nos encontramos en los primeros días de la cuarta revolución industrial, revolución que se caracteriza por la confluencia simultánea de numerosas tecnologías exponenciales como el *big data*, la inteligencia artificial, el *blockchain*, la computación cuántica, el Internet de las cosas (IoT), la robótica, la realidad virtual, la ciberseguridad y biometría, la nanotecnología, la biotecnología, las impresoras 3D, el *building information modeling* (BIM), los vehículos autónomos y los drones, entre otras.

Mientras que las organizaciones y la sociedad en general se mueven con una velocidad de cambio lineal, todas estas tecnologías evolucionan de manera exponencial, esto es, cada año multiplican su potencia respecto al año anterior. Así, el ritmo exponencial de desarrollo de las tecnologías emergentes está cambiándolo todo como nunca antes en la historia de la humanidad.

Esto se debe, por una parte, a que se están produciendo numerosos avances tecnológicos simultáneamente; y, por otra, al hecho de que muchas de estas tecnologías se construyen unas sobre la base de otras. De este modo, en todas las industrias las tecnologías de aceleración se están cruzando y están cambiando drásticamente la forma en que vivimos, trabajamos e interactuamos.

En definitiva, esta revolución representa una convergencia de capacidad tecnológica, inteligencia y conectividad que gira en torno al nuevo paradigma de la información o los datos como el petróleo del siglo XXI.

En efecto, el paradigma de la información, creado como resultado de la ley de Moore y de otras fuerzas fundamentales que influyen en el mundo digital, está acelerando y haciendo escalar exponencialmente el metabolismo de los productos, las compañías y las industrias.

Ello ha sido posible, entre otras cosas, gracias a las «seis D» de las que hablaba Peter Diamandis, a saber:

- **Digital (*digitized*)**: Todo lo que se puede digitalizar —es decir, que se puede representar con unos y ceros— se convierte en accesible y, por tanto, resulta fácil de compartir y distribuir por ordenador. De este modo, todo lo digital asume el mismo crecimiento exponencial que el de la informática.
- **Distorsionado (*deceptive*)**: Las tendencias exponenciales no se detectan en los primeros días. El crecimiento es engañosamente lento hasta que comienza a ser medido en números enteros.

- **Disruptivo (*disruptive*)**: Las tecnologías digitales superan a los modelos no digitales anteriores tanto en eficacia como en coste, lo que perturba significativamente a los mercados existentes para un producto o servicio.
- **Desmonetizado (*demonetized*)**: A medida que la tecnología se vuelve más barata, a veces hasta el punto de ser gratuita, el dinero se elimina cada vez más de la ecuación.
- **Desmaterializado (*dematerialized*)**: La necesidad de productos físicos voluminosos o caros de un solo uso —radio, cámara, GPS, vídeo, teléfonos, mapas, etc.— desaparece a medida que estos productos se incorporan a los *smartphones*.
- **Democratizado (*democratized*)**: Una vez que una cosa —o un activo— es digitalizada, más personas pueden tener acceso a la misma. De este modo, todo el mundo puede acceder a potentes tecnologías, proporcionando a individuos y entidades la posibilidad de implementar el siguiente gran avance.

Como se ve, la era digital supone mucho más que tener una web y una tienda *online* en diferentes idiomas. Ser nativo digital no consiste en tener un iPad y estar suscrito a una cuenta de Netflix.

Así las cosas, si bien el cambio es una constante universal que siempre ha estado ahí, ahora mismo, y como consecuencia de esta revolución, la velocidad con la que el cambio sucede es cada vez mayor y más difícil de gestionar para las compañías.

En efecto, todos estos cambios están teniendo un impacto natural en la forma en que creamos y gestionamos las empresas. No se trata solo de hacer lo que ya hacemos mejor, más rápido o más barato. Por el contrario, es la tecnología en sí misma la que nos está dando la capacidad de construir negocios fundamentalmente diferentes.

Y es que uno de los elementos principales de esta nueva revolución industrial es la transformación digital que se está llevando a cabo en la mayoría de las industrias y sectores productivos.

En este sentido, un estudio reciente de McKinsey revela que la media de vida de las empresas que figuraban en Standard & Poor's 500 en 1958 era de 61 años. Hoy es de menos de dieciocho.

McKinsey estima que en 2027 el 75 por ciento de las empresas que actualmente cotizan en S&P 500 habrá desaparecido: habrán sido compradas, se habrán fusionado o irán a la quiebra como Enron y Lehman Brothers. Algunas empresas parecen escapar de esta destrucción masiva. General Electric, ExxonMobil, Procter & Gamble y DuPont son algunas de las compañías más antiguas que cotizan en la Bolsa de Nueva York.

Sin embargo, las mayores capitalizaciones del mercado a día de hoy proceden de nuevas organizaciones que han hecho de la tecnología y la transformación digital su razón de ser: Apple, Alphabet, Microsoft o Amazon, compañías exponenciales que han convertido el cambio constante en su nueva zona de confort.

3. La transformación digital: concepto y ventajas

Resulta complejo encontrar una definición unívoca de lo que podría entenderse hoy en día por transformación digital.

En su informe sobre el estado de la transformación digital de 2014, el grupo Altimeter la define como «el reajuste o la nueva inversión en tecnología y modelos de negocio para atraer más eficazmente a los clientes digitales en cada punto de contacto del ciclo de vida de la experiencia del cliente».

La consultora Íncipy, por su parte, considera que la transformación digital supone «la reorientación de toda la organización hacia un modelo eficaz de relación digital en cada uno de los puntos de contacto de la experiencia del cliente».

Telefónica, por su parte, la conceptualiza como «el realineamiento de tecnología, modelos de negocio y procesos dirigido a entregar mayor valor a clientes y empleados para competir en la economía digital».

De las anteriores definiciones podemos extraer las dos principales características de la transformación digital, a saber:

- La **experiencia de cliente (CX)** es el principal factor de impulso de la transformación digital.

- La **tecnología es un medio**, no un objetivo ni una estrategia. El objetivo de la digitalización es actualizar y mejorar la capacidad de las organizaciones para competir en la economía digital.

En definitiva, la transformación digital de la empresa implica una **metamorfosis**: cambiar los procesos tradicionales por procesos tecnológicos más eficientes, especialmente orientados a la experiencia del cliente y, por tanto, orientados a la accesibilidad de los productos y servicios desde cualquier lugar, en cualquier momento y desde cualquier dispositivo, especialmente los móviles o *smartphones*.

A lo anterior creemos que hay que añadirle **dos factores** que resultan fundamentales para abordar un proceso de transformación digital:

- La transformación se inicia con una **manera distinta de pensar**, en la que el liderazgo, la creatividad y la innovación tienen que estar presentes.
- Ser digital es una oportunidad de dar a conocer esa **personalidad única** que una empresa posee.

Por otra parte, si bien la transformación digital de los modelos de negocio está generando un **colapso en las estructuras de las organizaciones y en las cadenas tradicionales de suministros**, creemos con Íncipy que la misma constituye una oportunidad única para crear **ventajas competitivas** en una nueva economía digital y global, ya que permite:

- **Redefinir la visión de la compañía**, una visión más moderna y humanizada para atraer a los consumidores digitales. Es la oportunidad de crear organizaciones y marcas «con alma» y «con personalidad propia» que sean queridas por sus clientes.
- **Mejorar la experiencia del cliente**. Rediseñar en todos los puntos de contacto con el cliente (*touchpoints*) una mejora de la experiencia, la cual debe tener como objetivo conseguir la participación, cocreación e interacción (*engage*) de consumidores y clientes con las marcas y organizaciones, lo cual, sin duda, revertirá en la mejora de los ingresos.

- **Mejorar la reputación y notoriedad de la empresa**. Como comentábamos en el anterior punto, los clientes pueden relacionarse con nuestra empresa. Al recibir ese *feedback* tenemos la posibilidad de personalizar los mensajes. Así mejora la imagen de la empresa y la reputación de la misma.
- **Crear una nueva ventaja competitiva**, nuevos productos o servicios que sean realmente singulares y excepcionales. Identificar nuevos modelos de negocio que aporten diversificación y crecimiento.
- **Promover el trabajo en equipo y mejorar la colaboración interna**, así como la mejora del empoderamiento (*empowerment*) de empleados y equipos.
- **Descentralizar el trabajo, aumentar la movilidad del equipo y facilitar la conciliación familiar de los empleados**. Ya no hace falta estar en la oficina o empresa para recibir mensajes. Las nuevas tecnologías facilitan esa movilidad. Asimismo, también favorecen la comunicación entre los empleados, al margen del lugar donde se encuentren, y permiten a las familias compatibilizar su vida profesional con la vida familiar.
- **Mejorar la eficiencia en todos los procesos internos de la cadena de valor**: I+D, producción, comercialización, *marketing*, RRHH, atención al cliente o consumidor, calidad, finanzas… así como en la estructura y los sistemas de gestión de la organización. De este modo se consigue:

  - **Mejorar la productividad**. Los procesos productivos evolucionan y son más eficaces. La empresa sigue manteniendo su canal tradicional, pero también va ganando protagonismo su canal digital.
  - **Reducir los costes**. Al mejorar la producción se ahorra tiempo. Como consecuencia, se reducen los plazos de producción y se disminuyen errores en la misma. Todo esto es sinónimo de reducción de los costes y de incremento de la competitividad empresarial.

- **Profundizar en el análisis de datos de todos los ámbitos de la compañía**. Impulsar el *big data* para convertir los datos en conocimiento y en decisión: trabajar y decidir tomando como base la información, mediante analítica predictiva.
- **Mejorar la captación, conversión y fidelización de los clientes**. La incorporación de nuevos canales, el conocimiento más profundo de los clientes y su participación impactarán directamente en los ratios de captación, conversión y fidelidad.
- **Impulsar una nueva cultura de innovación** en toda la organización.
- **Atraer a los nuevos talentos**. Mostrarnos como una empresa adaptada a las necesidades tecnológicas fomentará el reconocimiento de nuestra marca y, en consecuencia, muchos profesionales querrán realizarse laboralmente con nosotros.

Como se puede apreciar, las ventajas son ciertamente muy relevantes. Y tu empresa, ¿está preparada para la transformación digital? ¿Tienes una hoja de ruta para la transformación digital? ¿Constituye una base sólida para una transición exitosa a tu futuro negocio digital?

Antonio Serrano Acitores es abogado, doctor en Derecho, CEO de Spartanhack, emprendedor y un enamorado de la educación, de las nuevas tecnologías y de las redes sociales. Antonio quiere ayudar a la gente a programar su futuro con Spartanhack, una escuela de negocios que combina la enseñanza de programación y emprendimiento.

Twitter: https://twitter.com/aserrano1001
LinkedIn: https://www.linkedin.com/in/antonio-serrano-acitores/
Facebook: https://www.facebook.com/antonio.acitores
Instagram: https://www.instagram.com/antonioserranoacitores/
YouTube: https://www.youtube.com/channel/UCf9-1EjUBBSmKo-imQs_Ti_Q?view_as=subscriber

Necesidad y exigencia de un nuevo modelo de Formación Profesional

IRENE NAVARRO

Hay unanimidad en cuanto a la necesidad de impulsar, mejorar y apostar por la Formación Profesional en España. Todo el mundo está de acuerdo en que es esta una exigencia inaplazable. Se requiere un nuevo modelo de Formación Profesional y su implantación supondría una oportunidad para mejorar la empleabilidad y conseguir elevar la competitividad de nuestro país.

Sin duda, hay que partir de una estrategia que se inicie con un análisis real de la situación actual, con datos precisos y con la participación de todos los agentes sociales. El cambio debe empujarse desde todas las direcciones y con un consenso generalizado.

Es imprescindible que haya un liderazgo innovador y, desde luego, un nuevo lenguaje. Quizá podríamos volver a hablar incluso de «universidad laboral» y, desde luego, de «capacitación para el empleo».

Tenemos que tener claro que la Formación Profesional va a ser el proveedor clave del talento necesario para la implementación tecnológica y de los perfiles profesionales técnicos necesarios para la empresa y el crecimiento económico.

La Formación Profesional tiene una relevancia decisiva, pues genera las mejores posibilidades para hacer más fácil el acceso o la permanencia en el mundo laboral.

Una vez evaluado y analizado que el impulso de la Formación Profesional es clave para nuestro país, que es una magnífica oportunidad y que ha de partir de una estrategia de consenso, hay que diseñar la estrategia.

Es imprescindible que la empresa esté presente para diseñar la formación, para proyectar el futuro de sus contenidos que se impartan y para formar y proporcionar docentes.

Hay que adecuar la formación a las demandas actuales, pero también anticiparse a las futuras necesidades de las nuevas profesiones. Es importante ser capaces de anticiparse a los cambios y crear una estructura flexible para responder a ello, pues habrá que contar con perfiles profesionales técnicos, actualizados, versátiles y con competencias transversales.

Se tienen que identificar las actividades y sectores prioritarios a los que la oferta formativa debe atender, además de analizar cómo reforzar y mejorar la oferta de Formación Profesional en este sentido.

Es imprescindible que el alumno se forme tanto en el aula como en la empresa, combinando diferentes modelos de aprendizaje, primando, sin duda, la formación práctica.

Hay que atender la formación tanto del alumno joven como del profesional que ha de estar al día y, muy particularmente, del trabajador que quiere formarse para dar un giro en su actividad laboral hacia una capacitación que le proporcione un mejor y más seguro futuro laboral.

Es absolutamente necesario sensibilizar a la población del valor que la Formación Profesional tiene y de la excelente oportunidad que supone.

Hay que atraer más jóvenes a la Formación Profesional, para lo que debería reforzarse la orientación en los centros de enseñanza para que conozcan mejor el sistema de la Formación Profesional y las ventajas que les puede proporcionar elegir esta formación.

Hay que informar de la amplia oferta formativa y de las magníficas posibilidades de empleo y desarrollo profesional que proporciona.

Es preciso aumentar la oferta de aquellos ciclos que tienen alta tasa de empleabilidad y, sin embargo, no pueden ser atendidas las solicitudes de entrada de alumnos.

Hay que potenciar la Formación Profesional a distancia o *e-learning*, lo que ayudaría a superar los problemas de conciliación familiar, laboral y facilitaría el acceso a la formación de mujeres y personas que viven en zonas rurales, en las que no hay centros de Formación Profesional y, por tanto, sin oportunidad de asistir a cursos presenciales.

Es básico favorecer el cambio de metodologías de aprendizaje, metodologías colaborativas basadas en proyectos, en las que, con una evaluación continua, la práctica prime sobre la teoría.

Es realmente necesario contar con unos centros de formación adaptados a las nuevas formas de aprender y con unos programas y contenidos que puedan ser modificados de manera ágil y flexible.

Resulta esencial un análisis profundo de cuál ha de ser la manera más eficaz de impulsar la formación dual. Hay que regular una fórmula que se adapte adecuadamente para sumar y no restar a la productividad de las empresas.

Hay que impulsar la Formación Profesional para el Empleo y sus certificados de profesionalidad, pues es el futuro por su adaptación al mundo laboral y para conseguir una alternancia entre formación y trabajo. Esto implica hablar de formación dual, que en este caso sería su lugar natural. Y para poder elevar el nivel de aceptación de la Formación Profesional debería compartir campus con la universidad y que su oferta esté también incluida en los planes universitarios. Estamos hablando de una opción válida y de futuro y así ha de ser reconocida por todos.

En resumen, tenemos que creer en la Formación Profesional, hay que ponderar su utilidad e importancia, hay que prestigiarla y comunicar que como opción no solo es válida, sino que en numerosas ocasiones es la más válida, pues nos va a proporcionar una mayor posibilidad de empleo y una buena remuneración. Es un primer escalón que nos permite el acceso al mundo laboral de manera segura y temprana.

Todo esto no es posible sin la colaboración público-privada, sin una coordinación entre la Formación Profesional del ámbito de la educación y la del ámbito del empleo, sin una apuesta clara y un consenso político, sin una flexibilidad para adaptar contenidos formativos a las nuevas necesidades y perfiles laborales y sin una buena orientación e información sobre la oferta y las salidas profesionales que ofrece la Formación Profesional.

Y, sobre todo, partiendo de una buena prospección del mercado laboral, que nos haga tener un buen diseño de Formación Profesional, adaptada al momento y los requerimientos de la empresa.

No solo hay que saber que hay que apoyar la Formación Profesional. Hay que hacerlo y es urgente para una adaptación rápida, que convierta esta necesidad en una oportunidad o, dicho de otra forma, haga de la necesidad virtud.

Irene Navarro es directora general de Madrid Excelente, licenciada en Derecho por la Complutense de Madrid y doctora en Derecho por la Universidad de Alcalá. Diplomada en Derecho Comunitario por la Escuela Diplomática de Madrid. Académica correspondiente de la Real Academia de Jurisprudencia y Legislación. Ha sido directora general de Formación por el Empleo de la Comunidad de Madrid y decana y vicerrectora de la Universidad Europea de Madrid.

https://www.instagram.com/irene.navarroalvarez

Las personas, protagonistas de la industria 4.0

Eva Durán

Vivimos una época de cambios en todos los sectores debido a la digitalización. Las nuevas tecnologías han irrumpido en nuestras vidas cambiando la forma de vivir y relacionarnos.

Hace solo treinta años la única forma de comunicación inmediata a distancia era el teléfono mediante voz y soportado en ocasiones por documentos que se transmitían por fax o por *e-mail*. Hasta la década de los 2000, cuando se popularizó la videollamada a través de servicios de Internet gratuitos, no empezamos a vernos a kilómetros de distancia.

Hoy en día la tecnología ha mejorado tanto que permite conexiones de vídeo en alta calidad con escaso tiempo de latencia, tiempo que tardan los datos en llegar de un servidor a otro y tiempo que el otro extremo tarda en gestionarlos.

Las nuevas tecnologías traspasan fronteras y acercan a personas de otras latitudes, formando equipos internacionales que trabajan día a día de la mano.

La última de estas nuevas tecnologías en llegar ha sido el **5G**, facilitando las conexiones por vídeo con baja latencia y aplicándose a campos donde el tiempo de respuesta es vital. En febrero de 2019, durante la celebración del Mobile World Congress de Barcelona, se realizó la primera cirugía asistida en remoto con tecnología 5G. El *software* desarrollado para la ocasión permite realizar operaciones de cirugía guiadas a kilómetros de distancia. El cirujano experto puede añadir dibujos o marcar sobre vídeo zonas concretas, que se visualizan en tiempo real por los cirujanos de quirófano.

Cada año en el mundo hay millones de operaciones que no se pueden llevar a cabo por la falta de conocimientos específicos del equipo médico local a cargo del paciente: cirugías novedosas, cirujanos que operan en pequeños centros de cirugía general que necesitan soporte en alguna operación compleja, técnicas avanzadas que exigen profesionales experimentados o cirujanos en lugares remotos que han de enfrentarse a grandes retos para atender a sus pacientes con seguridad y profesionalidad. El cirujano conectado permite que nuevas técnicas y formas de trabajo se transmitan con mayor rapidez.

Hasta ahora la posibilidad de utilizar esta solución estaba limitada porque la velocidad de transmisión de datos de la red 4G tiene una pequeña latencia. La baja latencia que presentan las comunicaciones con 5G permite la retransmisión de la operación en tiempo real, sin retardos, algo clave para tomar decisiones en el quirófano.

Otro ejemplo de la irrupción en nuestras vidas de las nuevas tecnologías ha sido el cambio en nuestros hábitos de compra. En España las compras *online* ya representan el doce por ciento de las compras totales. Y el 57 por ciento de los españoles encuestados afirma ser comprador regular de productos a través de Internet.

El comercio electrónico permite el acceso a bienes, personas y conocimiento situados a kilómetros de distancia y en tiempo récord. Se reducen los desplazamientos innecesarios, los tiempos de espera y se gana tiempo para dedicar a lo que realmente nos interesa.

La industria no es ajena al uso de las nuevas tecnologías. Su aplicación pone a las personas en el centro del proceso, no solo desde el rol del empleado conectado, sino como consumidores y usuarios de sus productos o servicios.

Los avances en industria permiten el acceso a productos más económicos, de forma global y que responden mejor a las necesidades cada vez más ágiles y cambiantes de nuestro mundo.

La industria 4.0, conocida como la cuarta revolución industrial, es la utilización de las nuevas tecnologías para fusionar el mundo físico y digital y poner la información a nuestro servicio.

La primera revolución industrial implicó una transformación económica, tecnológica y social. Supuso el paso de una economía rural, basada fundamentalmente en la agricultura y el comercio, a una economía industrializada y mecanizada. La producción tanto agrícola como industrial se multiplicó, disminuyendo tremendamente los tiempos de producción.

Esta primera revolución industrial acabaría con siglos de producción basada exclusivamente en mano de obra y tracción animal. Se introdujo la maquinaria para la fabricación industrial y para el transporte de mercancías y pasajeros. Además, el uso de la máquina de vapor en diversas industrias fue el paso definitivo para aumentar de forma espectacular la capacidad de producción. El uso del vapor supuso un cambio tan profundo en todos los sectores que marcó el inicio de una nueva sociedad.

La Organización para la Cooperación y Desarrollo Económico (OCDE), que agrupa a 36 países —que proporcionaban al mundo el setenta por ciento del mercado mundial y representaban el ochenta por ciento del PNB mundial en 2007—, define la digitalización como una tecnología de utilidad general que sirve de apoyo a todos los sectores de la economía. Estamos, por tanto, a las puertas de una posible revolución industrial basada en datos.

La digitalización permite conectar personas y tecnología, de forma que la toma de decisiones se agiliza y se basa en evidencias. Constituye una oportunidad clave para mejorar la industria tanto en el servicio a clientes y consumidores de los bienes y servicios producidos como en la experiencia del empleado, que pasa a ser considerado el centro del proceso.

El concepto de industria 4.0 nació en Alemania en el año 2011, en la Feria de Hannover, salón de la tecnología industrial. Y en la misma feria, pero en 2013, un pormenorizado informe detallando este concepto y sus implicaciones fue presentado y defendido por un selecto grupo de trabajo e investigación. Por tanto, es un concepto nuevo, pero que se está desarrollando de manera muy rápida.

La industria 4.0 implica una transformación industrial sustentada en la llamada fábrica inteligente, caracterizada por la interconexión de máquinas, sistemas y personas y por el constante intercambio de información interior y exterior: clientes, competidores, proveedores, etc.

La consultora estratégica Roland Berger define cuatro niveles en la transformación industrial:

- Información digital.
- Automatización.
- Conectividad.
- Acceso digital al cliente.

Las nuevas tecnologías como el 5G *wearables*, Internet de las cosas (IoT), *big data*, *machine learning*, realidad aumentada y realidad virtual son facilitadoras de esta digitalización, pero las personas son el centro de esta revolución.

¿Cuál es el papel de las personas en cada uno de estos niveles de digitalización?

El primer nivel es el de la información digital en la industria. Es la captura, procesamiento y análisis de la información digital para mejorar las predicciones y la toma de decisiones.

Los sistemas de producción, maquinaria o elementos de transporte tienen sensores que pueden medir datos. Todos estos datos, interpretados por personas especialistas del negocio, permiten mejorar los tiempos de respuesta a lo largo de toda la cadena de valor.

Un ejemplo es el uso de los datos en la industria de construcción de infraestructuras, donde los activos y la maquinaria están deslocalizados y desplegados en obras a lo largo de todo el mundo.

En primer lugar, hay que generar el dato a través de sensores instalados en la maquinaria para medir las variables clave de cada proceso. En el caso de maquinaria de obra civil hay numerosas variables objeto de medición:

la posición, el estado encendido, nivel de depósito de combustible, tiempo de uso, kilometraje, estado del motor (temperatura del aceite, etc.), nivel de vibración, variables de producción (producción de hormigón, asfalto, etc.), trayectoria, distancia recorrida, estimación de consumo y tiempo en movimiento.

La recepción de los datos de la maquinaria monitorizada en tiempo real mejora los trabajos de planificación, utilizando los recursos necesarios en cada una de las fases de ejecución, planificando con antelación las revisiones y reparaciones, las horas de trabajo, midiendo en tiempo real la productividad de los equipos y, lo que es más importante, asegurando el trabajo de los empleados en materia de seguridad, incluso cuando trabajan en zonas de difícil acceso o en condiciones adversas.

La acumulación de datos históricos a corto plazo permitirá la planificación de acciones de mantenimiento preventivo y, posteriormente, de mantenimiento predictivo.

Esta nueva forma de trabajo, la obra conectada, mejora el control y seguimiento en la evolución de la infraestructura y redunda en un uso más eficiente de los recursos y en una mayor eficiencia en el coste de construcción y, por tanto, en el coste de uso para el usuario final.

El segundo nivel es el de la automatización. La conexión de los datos que se generan en la industria es capaz de desencadenar acciones y avisar al empleado de que debe tomar decisiones o desencadenar otros procesos. Es el paradigma del empleado conectado: el dato de cómo, cuándo y quién lo necesita.

La definición de reglas lógicas que pongan en marcha procesos automáticamente, sin intervención humana, mejora los niveles de seguridad, reduce los trabajos repetitivos y permite al empleado focalizarse en acciones relevantes, actuando con más rapidez y reduciendo errores y costes operativos.

Un ejemplo claro es la puesta en marcha de un sistema de alertas en una planta industrial que pare la producción en el caso de que se haya producido una combinación de factores que puedan afectar a la seguridad o a la calidad del producto terminado. El sistema de alertas detiene la producción y además avisa al empleado de mantenimiento más cercano al puesto averiado para poder reparar el problema en el menor tiempo posible y reanudar la fabricación.

La reducción del tiempo de reacción es vital tanto por el aseguramiento de la calidad y ahorros de costes asociados como por la disminución de errores y mejora en las condiciones de seguridad de los productos o bienes de consumo.

El tercer nivel es la conectividad, es decir, la interconexión de toda la cadena de valor para sincronizar cadenas logísticas, acortar plazos de entrega y ciclos de innovación.

Las tecnologías inteligentes y conectadas tienen cabida en toda la cadena de valor de la industria, tanto en la dimensión producto como en la cadena de suministro, así como en los procesos directos de fabricación. Pueden transformar la forma en que las piezas y los productos están diseñados, fabricados, utilizados y mantenidos.

Por ejemplo, una mejora en el sistema de anclaje de un vehículo para incrementar la seguridad de los asientos de retención infantil supone la adaptación del diseño de las sillas. Los fabricantes de sillas de retención infantil deben adaptar sus productos para ser compatibles con el nuevo anclaje. Esto implica la adaptación de toda la cadena de valor del fabricante de sillas y, por tanto, la puesta en el mercado dependerá de la agilidad de la respuesta en la adaptación de la línea de producción.

La interconectividad entre industrias, en este caso, y el trabajo colaborativo reducen de forma espectacular el plazo para la puesta en el mercado del nuevo producto.

El cuarto nivel de digitalización es el acceso digital al cliente. Internet permite a nuevos intermediarios dirigirse a consumidores a los que ofrecer transparencia total y nuevos servicios.

La industria ha abierto canales de comunicación con el cliente final y permite alcanzar niveles de personalización inimaginables hace unos años: diseñar nuestras propias zapatillas para correr, elegir un diseño único y exclusivo de una botella de vodka, la bicicleta ideal bajo pedido, etc.

Poco a poco las empresas evolucionan a un nuevo enfoque, orientado al valor añadido que se da a los clientes. Pero deben simultanear sistemas de producción de grandes volúmenes y muy eficientes en coste con la personalización de las necesidades de cada cliente.

La flexibilidad y agilidad que las nuevas tecnologías aportan a los sistemas de producción permiten la transición desde la producción en masa a una personalización masiva.

Las nuevas tecnologías facilitan la identificación de eventos, verificación de hipótesis y detección de fallos y nos permiten aportar el valor diferencial de imaginación e ingenio, que supone la clave de la diferenciación.

Las nuevas tecnologías están cuestionando de manera fundamental los conceptos tradicionales de las cadenas de valor de las organizaciones y en muchos casos están impulsando un cambio en la estrategia.

Una estrategia centrada, por un lado, en las personas, porque ahora más que nunca la industria se pone al servicio del consumidor y del usuario, atendiendo a sus necesidades y mejorando la experiencia de cliente; y, por otro, al servicio del empleado, mejorando las condiciones laborales y poniendo el dato a su servicio para realizar su trabajo de forma más creativa, eficiente y segura.

Eva Durán es ingeniera industrial, especialista en estrategia, ventas y *marketing*. Es directora de desarrollo de negocio en Zerintia, compañía de *software* especializada en crear soluciones de industria 4.0 y *e-health*, basada en la aplicación de las nuevas tecnologías *wearable*, Internet de las cosas y realidad aumentada para poner a disposición de las personas la información necesaria para desarrollar su trabajo de manera eficiente, segura y asistida y dotar a la industria de mayor agilidad y productividad.

Es considerada una de los *25 top influencers of the world in wearable technology* por Onalytica y ha sido galardonada recientemente por Interempresas con el premio al mejor proyecto tecnológico en industria 4.0, con «Sacyr Tracking», en el *Digital Enterprise Show 2019*; o como pyme más innovadora de 2019 en industria por el Colegio Oficial de Ingenieros Industriales de Madrid.

LinkedIn particular: http://linkedin.com/in/eva-duran-lopez
LinkedIn empresa: https://www.linkedin.com/company/zerintia-technologies
Twitter: @ZerintiaTech

La ciberseguridad en la transformación digital

MARLON MOLINA

Espero que su camino sea voluntario y feliz hacia la era digital. La transformación digital es voluntaria, pero el destino es obligado para todos: empresas pequeñas, medianas y grandes van camino a operar en la era digital, una zona con sus propias reglas.

El paso a lo digital muchas veces es difícil, pero debe darse y tarde o temprano adoptará las tecnologías, principalmente en la nube, y tendrá que adaptarse a una nueva forma de trabajar, entretenerse e interactuar.

Es lo mismo que le pasaría a cualquiera que se mude a una nueva ciudad. En el nuevo destino hay zonas más seguras que otras, más agradables que otras y, por supuesto, más convenientes que otras. Una mudanza a una ciudad cercana es lo que ocurriría con empresas que han iniciado su transformación digital hace algunos años; entonces la adaptación ocurrirá mucho más fácil, la mayoría de escenarios se parecerán a los de su ciudad de origen, si bien es cierto que hay zonas nuevas y nuevas reglas. Pero si no ha emprendido aún la transformación, entonces es como mudarse a una ciudad lejana, con un idioma extraño y con una cultura muy diferente; en este caso ocurrirá lo de siempre, errar el tiro en la mayoría de los casos. No va a encontrar la mejor zona a la primera ni los mejores precios ni el colegio adecuado, etc.

La ciberseguridad es una parte de la seguridad de la organización, es decir, es la que tiene que ver con los activos digitales. Como misión está proteger los bienes de la organización, que ahora son digitales o que están en el proceso de serlo. El esfuerzo hecho en la transformación digital y las nuevas tecnologías es importante, ha requerido inversión, cambios en la cultura de la organización y, por supuesto, un nuevo lenguaje. Todo esto se puede perder sin la debida protección.

«Existen dos tipos de empresas en la era digital, las que han sufrido un ataque y las que no saben que han sufrido un ataque».

No se asuste. Dicen que en Turquía no existe quien no haya regateado un precio en un mercado o en Japón quien no haya comido un producto del mar. En la era digital todas las empresas han sido atacadas y están siendo atacadas; lo que hacemos con la ciberseguridad es prepararnos y hacer, en la medida de lo posible, que esos ataques sean irrelevantes.

Como ejemplo, estoy seguro de que su buzón de correo está lleno de *spam*. Mucho de ese *spam* podría resultar inofensivo si no consideramos el tiempo de lectura, pero, en su mayoría, los correos pretenden llevarle a una web y en la web descargar ficheros. Aunque sea una *cookie*, pero algo entrará en su ordenador y, por consecuencia, en su empresa y algo saldrá (datos, uso, preferencias, búsquedas y más). Algunos correos son mucho más peligrosos: los que incluyen adjuntos, muchas veces con ejecutables.

Los ataques no son todos como se ven en la televisión, un ciberdelincuente desde un sótano, que ha elegido a una empresa para atacarla. Hoy en día la mayoría de los ataques se hacen a listas de correos y «barriendo IP», básicamente echando las redes a ver qué se puede pescar. Los sistemas están buscando vulnerabilidades en las instalaciones tecnológicas y debilidades en los usuarios.

«En tiempo de paz la tarea principal es la prevención».

En los momentos en que una empresa ha sido «secuestrada» o está sufriendo un ataque, la organización se pone en modo de «emergencia», pero el resto del tiempo está en paz. Las actividades son, evidentemente, diferentes. La prevención contra incendios no se hace durante el incendio, ni siquiera inmediatamente después. Se hace antes de que ocurra y se hace tanto para evitar que ocurra como para reducir al mínimo las posibilidades y el impacto.

Para la ciberseguridad está muy bien la concienciación, pero yo recomiendo ir más allá. Miles de personas han compartido una imagen que no debían y, cuando el asunto ha ido a más, han reconocido que sabían que lo que hacían estaba mal, pero igual lo hicieron. Esto ocurre porque el proceso de prevención se quedó en la concienciación y no se hizo un ensayo. Nuevamente con el ejemplo del fuego, además de decirles a los usuarios habituales de un edificio los posibles riesgos de un posible siniestro, lo mejor es ensayar: hacerlo una vez, tomar nota de los errores y mejorar; volver a hacerlo, nuevamente aprender de lo ocurrido y volver a hacerlo. Recuerde que el objetivo final es que no ocurra el incendio.

A los más pequeños, que hoy ya usan móviles, no es suficiente con decirles que hay riesgos en las redes sociales, ni mucho menos decirles «tened cuidado». Concienciar a alguien de los riesgos al usar una piscina no basta si no sabe nadar y mucho menos vale explicarlos en teoría: se hace en el agua, «mojándose».

Para la mayoría de los expertos en cuanto a ciberseguridad se refiere, estamos librando una guerra o, al menos, expuestos a vernos en una situación similar ante un ataque. El libro *El arte de la guerra*, de Sun Tzu, dice que se debe «conseguir la victoria antes de entrar en batalla», un consejo que ya tiene 2.500 años. En la siguiente sección de este capítulo dejo cinco recomendaciones para los usuarios, cinco más para el hogar o el pequeño negocio y cinco para las empresas en general.

Cinco consejos para los usuarios de la tecnología en la era digital

No hable con extraños. El consejo que les damos a nuestros hijos cuando van al parque lo repetimos y nos lo aplicamos. En las redes sociales, en correos, juegos, chats y básicamente cualquier medio, si no conoce a la otra persona, no intercambie información. Esto debería incluir el no compartir contenido del que no conozca la fuente, aunque se lo envíe un contacto que usted conoce. Si la fuente no es conocida para usted, no lo comparta.

No descargue programas o *apps* desconocidos. En el caso de los programas, no haga búsquedas en Internet y a continuación se descargue programas que no conoce, mucho menos desde webs genéricas de descargas.

Lo mismo aplica para las *apps* en los teléfonos y para los programas que sí conoce, pero que no tienen licencia (piratas). Los programas «gratis» en muchos casos podrían ocultar virus, programas malintencionados. Asegúrese de estar en la web oficial e investigue antes de descargar.

No comparta datos personales. Una práctica común es compartir datos personales en redes o en otros entornos como grupos de WhatsApp. Lo mismo aplica para imágenes. A ser posible, no comparta datos. Los ciberdelincuentes los usan para crear listas para atacar o para pedir sobornos. Una cultura apropiada ayuda a sus hijos para que, cuando se vean expuestos, no compartan imágenes de ningún tipo que les puedan comprometer ahora o en el futuro.

Cuide las contraseñas. Use contraseñas complejas que pueda recordar (vea la última sección de este capítulo). No comparta las contraseñas con nadie. Recuerde que en el ciberespacio su usuario y contraseña le representan, son su identidad y son la llave a sus activos digitales.

(Extra). Evite usar wifis públicas. Principalmente en el caso de los jóvenes que tienen pocos datos, la costumbre de llegar a un hotel, un bar, un restaurante o una sala de eventos y conectarse a la red wifi pública es peligrosa. Nunca se sabe quién más está escuchando en la red. Incluso podría ser una red falsa, puesta para «atrapar» datos.

Cinco consejos para el hogar y el pequeño negocio

Nombre un cibercampeón. Las empresas pequeñas, familiares, no pueden darse el lujo de contratar a un experto en ciberseguridad, pero sí podrían tener una cultura segura. Un cibercampeón es alguien que tiene el rol para saber un poco más de ciberseguridad: hace un curso, asiste a congresos, a foros y se informa más que los demás como parte de su rol. Así puede ayudar a sus familiares o colegas y encontrar soluciones a posibles problemas.

No descargue ni use *software* desconocido. Existen listas de *software* recomendado para las empresas que ya ha sido probado. Ahorrar un poco en el *software* puede terminar generando pérdidas que la empresa no puede asumir. Evite usar *software* sin licencia (pirata) porque esto genera un malestar en la empresa y refuerza los principios equivocados.

Establezca una política de contraseñas seguras. Las contraseñas se deben cuidar como si de un tesoro se tratara. Cada empleado gestiona hoy contraseñas en un promedio de veinte sitios. Cualquiera de estas contraseñas que se vea comprometida podría poner en riesgo a la empresa. Las contraseñas deben ser suficientemente complejas para que sean fuertes, pero fáciles de recordar (vea la última sección de este capítulo para más información). Por supuesto, no comparta las contraseñas con nadie, ni con el responsable de tecnología ni con el dueño de la empresa. Con nadie.

No abra adjuntos sospechosos. Por lo general, es fácil determinar si un correo incluye un adjunto potencialmente peligroso. Primero, si el adjunto está en un correo que usted no ha solicitado o de una cuenta con la que no intercambia documentos habitualmente, no lo abra. Segundo, si el adjunto viene de un contacto conocido, revise y valide que tiene sentido que reciba ese adjunto. Por ejemplo, uno de los virus más populares se recibía de contactos conocidos, pero con el nombre en inglés, y se llamaba *I love you*. Si recibe un adjunto de este estilo de un compañero de trabajo o de la dirección de recursos humanos, yo recomendaría no abrirlo.

Use computación en la nube. Hoy en día, acceder a discos en modo nube (*cloud computing*) es relativamente barato, incluso hasta cierta cantidad es gratuito o se incluye con la cuenta de correo electrónico. No almacene datos en los propios ordenadores porque las copias de seguridad son difíciles de hacer (cuando se hacen) y los datos ahí son susceptibles de sufrir ataques.

(Extra). Mantenga una wifi para visitas. Es normal recibir visitas en la empresa y en muchas ocasiones el visitante pide conectarse a Internet para hacer una demo o enviar un correo. Sea cual sea la razón, si no cuenta con una red pública, la tentación de conectar al visitante a la red de la empresa es muy alta y, en ese mismo momento, compromete toda la red. Quizá el usuario sea honesto y no planifique un ataque, pero su equipo podría estar comprometido. Una wifi para visitas aislada de la red de trabajo evita situaciones comprometidas y facilita interactuar con los visitantes. No use su propia red para pruebas, para conectar visitantes o equipos que no se admitirán oficialmente. Su red no es una red de pruebas.

Cinco consejos en la empresa

Nombre un responsable de ciberseguridad. Como hemos explicado en este capítulo, la ciberseguridad tiene la responsabilidad de cuidar los activos digitales de la empresa, los cuales pronto incluirán la mayoría de los datos. No se lo tome a la ligera. Nombre o contrate a un experto en ciberseguridad y no le deje en el final del organigrama.

Implante un sistema de gestión de la seguridad. Insisto una vez más: la ciberseguridad no puede tomarse a la ligera. Un sistema de gestión implanta los procesos que mantienen a la empresa vigilante y que, en caso de una brecha de seguridad, la identifican, la documentan, la reparan y aprenden. Existen estándares como la norma ISO/IEC 27001, que describe las mejores prácticas para la implantación de sistemas de gestión de la seguridad de la información. Algunas veces se tiene la idea de que una empresa pequeña no requiere todo un sistema de gestión, pero no depende del tamaño de la empresa, sino del tipo de datos que gestiona. Por ejemplo, una clínica, aunque podría ser pequeña, gestiona datos médicos, por lo que debe tener los máximos controles.

Eduque al personal y a sus familias. No se quede en la concienciación: eduque al personal en ciberseguridad y haga extensible el programa a sus familias y círculo hasta donde sea posible. No existen los empleados aislados; intercambian datos con su círculo personal y muchas veces usan los sistemas de la empresa para acceder a sistemas personales o sus equipos personales para acceder al trabajo. Consiga que sus empleados sean evangelizadores en sus casas, con sus amigos y, en definitiva, con sus círculos personales también. Esto incluso mejora la imagen de la empresa.

Use computación en la nube. Incluso si la empresa gestiona datos sensibles, hable con los especialistas y «suba» lo que pueda. Invierta en migrar los sistemas a modelos *cloud*, pues con las empresas especializadas podrá usar modelos privados, públicos e incluso híbridos. Tarde o temprano terminará moviendo los programas y los datos, así que empiece cuanto antes. Como valor añadido, cuando migre a *cloud* le resultará más fácil hacer uso de tecnologías como *big data*, inteligencia artificial y otras.

Convierta al usuario en eslabón fuerte. Habrá escuchado que el usuario es el eslabón débil en la cadena de la ciberseguridad. Y es cierto. Pero nadie debería resignarse a ese rol; esto es algo que es posible cambiar. Después de educar al usuario, defina políticas de ciberseguridad que le conviertan en fuerte: juegos de roles, simulaciones y, por supuesto, contraseñas fuertes (vea la última sección de este capítulo para más información).

(Extra). BYOD (estas son las siglas de *bring your own device* —traiga su propio dispositivo—). Hace años que los empleados se conectan a los sistemas de la empresa usando sus propios dispositivos, no necesariamente de forma exclusiva, pero sí conectándose a la red de la empresa con sus equipos. Me refiero a los teléfonos móviles, tabletas e incluso portátiles, que, además de conectarse a la red, se conectan a sistemas como el correo, el CRM y los sistemas documentales. En otros escenarios utilizan los equipos de casa para conectarse al trabajo, los mismos que usan los peques para jugar. Evidentemente, todo esto es un riesgo mientras los administradores de la empresa no lo controlen. La recomendación es tener políticas claras y, nuevamente, educación.

Contraseñas seguras

Cuando hable con un informático le recordará lo importante que es tener contraseñas seguras y en las empresas suelen además forzar que los usuarios creen contraseñas imposibles de adivinar, con minúsculas, mayúsculas, números, símbolos y, a ser posible, con más de diez caracteres. Añadido a esto, algunos aumentan la tortura obligando a cambiar la contraseña cada quince días o cada mes. Es cierto que técnicamente la contraseña es más segura, pero, como es imposible de recordar, los usuarios terminan escribiéndola en algún lugar.

Las contraseñas más seguras son las que podemos recordar. Si no es así, todo el objetivo se pierde. Por esta razón lo mejor es aprender a crear contraseñas como si de códigos secretos se tratara, pero con una lógica que permita recordarlas, además de que no nos frustre cuando nos pidan cambiarlas.

A continuación, permítame enseñarle una de las varias técnicas que existen y que usamos los informáticos para crear contraseñas seguras y, como he dicho, fáciles de recordar. Es un método de cinco pasos que le recomiendo dominar y posteriormente enseñar a sus familiares, amigos, compañeros de trabajo y a toda persona que le importe.

Lo que haremos es elegir una frase para convertirla en una contraseña. Pero no será una frase cualquiera. Recuerde que queremos crear un código; por lo tanto, podemos usar una imagen que nos diga algo a nosotros o una pintura que admiramos o una frase de la canción del verano. Cualquiera nos sirve, siempre y cuando sea importante para usted.

Una de mis pinturas favoritas es el *Cristo de San Juan de la Cruz*, de Salvador Dalí, el pueblo en el que viví en Irlanda se llama Waterford y una de mis sagas favoritas son las películas de *Star Wars*. Con cualquiera de estos ejemplos podríamos crear una contraseña, así que elijo el primero para nuestro objetivo.

Método de cinco pasos para crear una contraseña segura

Paso 1: Formule la frase. Necesitamos una frase que podamos recordar y que además incluya la posibilidad de nombres de cosas, ciudades, pueblos o artículos.

Salvador Dalí es el autor del *Cristo de San Juan de la Cruz.*

Paso 2: Mejore la frase. Asegúrese de incluir mayúsculas, números, símbolos y una extensión apropiada, entre diez y dieciséis caracteres. La mayoría de los sistemas actuales le permitirían tener contraseñas incluso de más de doscientos caracteres.

Dalí pintó el *Cristo de San Juan de la Cruz* en 1951.

Paso 3: Formule el código. Utilice mayúsculas, minúsculas y números donde corresponda.

DpeCdSJdlCe1951

Paso 4: Mejorar el código. Ahora le recomiendo que ponga su toque personal con símbolos. Utilice sus propios trucos. Permítame que le dé algunas ideas:

1. Antes de un número, siempre ponga una coma (o después). En realidad, el símbolo que quiera.
2. Siempre que en la frase haya un «en», puede cambiarlo por un símbolo como «=» o por «@» o por «;».
3. Cuando en la frase hay «un» o «una», puede sustituirlo por el número 1.
4. Empezar sus contraseñas con un símbolo que usted elija o ponerlo al acabar la contraseña. O ambas cosas.
5. Cuando se trate de nombres de personas o ciudades, puede escribir el número 7 antes de la letra.

DpeCdSJdlC@1951
D7peCdSJ7dlC@1,9,5,1,

En el segundo ejemplo he usado el número 7 detrás de la letra de un nombre propio y he usado comas después de cada número. Esta última idea puede funcionar cuando la frase es muy pequeña y necesita más caracteres. Recuerde: cree su propia codificación.

Paso 5: Memorice el código como un espía. Lo que recomiendo es que ahora le ponga música a la frase o una entonación especial. Si es una frase de una canción no le costará. O si es de una película como *Star Wars*, que tiene una banda sonora muy conocida, le resultará más fácil. Ensaye varias veces y, por supuesto, no la cante enfrente de nadie; hágalo en su cabeza. Si ensaya en casa o a solas, cuando escriba la contraseña lo hará rápido. Ya es difícil que alguien intuya su código, pero si lo escribe rápido en el teclado es prácticamente imposible que alguien lo pille.

Le deseo mucho éxito en su paso a la era digital. Es un gran paso, es un paso importante y ahora también es un paso seguro.

Marlon Molina es ingeniero informático y apasionado de la tecnología. Cherwell le nombró en el *top 10 influencers* en la transformación digital en EMEA, en 2018, y Onalytica en el *top 50* mundial. Es *certification officer* de la certificación mundial Business IT, director del máster de Transformación Digital de IEBS y fundó la Cátedra IDG-UDIMA para la Transformación Digital. Asesora a varios organismos y países en ciberseguridad, incluyendo a la Organización de Estados Americanos.

Twitter: @MarlonMolina
LinkedIn: https://www.linkedin.com/in/MarlonMolina

Bibliografía

ADOLFO BORRERO VILLALÓN. «Drones, una tecnología disruptiva». 9 de mayo de 2017.

AL RIES Y LAURA RIES. *The 22 immutable laws of branding*. Editorial Harper Business.

ALEXANDRE SAIZ VERDAGUER. *Multiplica tus ventas con Amazon*. Editorial Gestión 2000, enero 2017.

ALFONSO SUÁREZ. *Tu éxito eres tú*. Editorial Círculo Rojo, noviembre 2016.

ARCHIE BROWN. *El mito del líder fuerte. Liderazgo político en la Edad Moderna*. Editorial Los Confusos del Círculo de Tiza, mayo 2018.

BRAD STONE. *La tienda de los sueños. Jeff Bezos y la era de Amazon*. Editorial Anaya Multimedia, 2014.

DAN SENOR Y SAUL SINGER. *Start-up nation. La historia del milagro económico de Israel*. Editorial Nagrela.

DAVID VIVANCOS. *Big Data. Hacia la inteligencia artificial*. The Valley Digital Business School, 2016.

EARLY INFORMATION SCIENCE. *Building a successful digital transformation roadmap*, 2018.

EDUARDO OLIER. *La guerra económica global*. Tirant lo Blanch, Valencia, 2018.

FRANCISCO ALCAIDE Y LAURA CHICA. *Tu futuro es hoy. 46 claves para crear tu destino*. Editorial Alienta, octubre 2014.

GARR REYNOLDS. *The naked presenter*. Editorial New Riders, 2011.

ÍNCIPY. *Transformación e Innovación Digital. Cómo innovar en nuevos modelos de negocio y en nuevas experiencias digitales de tus clientes*. 2015.

JERRY WEISSMAN. *Presenting to win. The art of telling your story*. Editorial FT Press, 2009.

JOE NAVARRO (CON MARVIN KARLINS, PH. D.). *What everybody is saying*. Editorial Harper Collins, 2009.

JOSÉ DE LA PEÑA Y MOSIRI CABEZAS. *La gran oportunidad. Claves para liderar la transformación digital*. Editorial Gestión 2000, mayo de 2015.

JUAN FERRER. *Cambiemos las organizaciones*. Editorial Gestión 2000, junio 2018.

JUANMA ROMERO Y MARTA AGUILAR. ¡Que se entere todo el mundo! Editorial Empresa Activa, mayo 2013.

JUANMA ROMERO Y LUIS OLIVÁN. *Emprender en la era digital*. Editorial Gestión 2000, febrero 2017.

JUANMA ROMERO Y LUIS OLIVÁN. *Píldoras para emprender*. Editorial LID, junio 2015.

JUANMA ROMERO, ESTHER ROMERO Y MIRIAM ROMERO. *Carisma y empatía*. Editorial Punto Rojo Libros.

JUANMA ROMERO, ESTHER ROMERO Y MIRIAM ROMERO. *Vender en las plataformas digitales*. Editorial ESIC.

JUAN MANUEL ROMERO M. *Uso y abuso de las tecnologías*. Editorial Sekotia, 2006.

JUAN MARTÍNEZ DE SALINAS MURILLO. *Ejercita tu talento*. Editorial Profit, mayo 2019.

JULIÁN REYES. *Habla como un líder*. Editorial Alienta, abril 2019.

LUIS PARDO CÉSPEDES. *Viaje al centro del humanismo digital*. Editorial Verssus Libros, mayo 2019.

MALCOLM FRANK, PAUL ROEHRIG Y BEN PRING. *Qué haremos cuando las máquinas lo hagan todo*. Editorial LID, marzo 2018.

MARIETA FERNÁNDEZ-LEAL Y LUIS OLIVÁN JIMÉNEZ. *APPtualízate. Aplicaciones para emprendedores*. Editorial ExLibric, 2019.

MIGUEL ÁNGEL AGUIRRE SÁNCHEZ. *Dirigir y motivar equipos*. Editorial Pirámide, 2017.

NEUS ARQUÉS. *Y tú, ¿qué marca eres? 20 claves para gestionar tu reputación personal*. Editorial Alienta, abril 2019.

OLIVIA FOX CABANE. *The charisma myth*. Editorial Portfolio/Penguin, 2012.

PETER THIEL. *De cero a uno*. Ediciones Gestión 2000, 2015.

RUBÉN RODRÍGUEZ. «Enganchados al móvil: España, 5º país del mundo que más tiempo pasa con el teléfono». *El Confidencial*, 26 de mayo de 2017.

RUSSEL REYNOLDS. *Digital transformation. The final chapter. An organizational roadmap for digitally-enabled businesses*, 2017.

SALIM ISMAIL. *Organizaciones Exponenciales*. Frost & Sullivan, 2014.

SIMON SINEK. *Empieza con el porqué*. Empresa Activa, 2018.

SPENCER JOHNSON, M.D. ¿Quién se ha llevado mi queso? Editorial Empresa Activa, 1998.

STÉPHANE GARELLI. «Es probable que vivamos más que una gran empresa». *Cinco Días*, 7 de enero de 2017.

STEVEN PINKER. *En defensa de la Ilustración*. Paidós, 2018.

TELEFÓNICA-MOVISTAR. *15 ideas para la transformación digital de tu negocio.*

VANESSA VAN EDWARDS. *Cautivar. La ciencia de seducir a las personas*. Editorial Oberon, 2017.

VANESSA VAN EDWARDS. *Human lie detection & body language 101*. 2013.

VÍCTOR ISIDRO DELGADO CORRALES. *La microempresa española en el siglo XXI. Guía práctica para emprendedores*. Editorial Éxito Oposiciones, 2019.

VÍCTOR M. MOLERO AYALA. *Manual para la excelencia comercial*. Ediciones Ciencias Sociales, 1990.

YUVAL NOAH HARARI. *Sapiens* (Debate, 2015); *Homo Deus. Breve historia del mañana* (Debate, 2016); *21 lecciones para el Siglo XXI* (Debate, 2018).

Juanma Romero es director y presentador del programa *Emprende* de TVE. Por sus manos han pasado en los últimos años diez mil empresas y empresarios. Además, es especialista en habilidades sociales y magnetismo personal, conferenciante, moderador y presentador de eventos y mesas redondas, experto en transformación digital y liderazgo, así como mentor, escritor y *networker*.

Entre los años 2014 y 2018 ha recibido más de cuarenta premios nacionales e internacionales por su aportación al emprendimiento.

Es autor de *LinkedIn B2B para empresas, Vender en las plataformas digitales, Carisma y Empatía, Emprender en la Era Digital, Píldoras para emprender, ¡Que se entere todo el mundo!, En patera y haciendo agua* y *Uso y abuso de la tecnología*.

Jesús Romero posee un máster en *Marketing y Comunicación Digital* por IMF Business School (Madrid). Ha trabajado en diferentes empresas, encargándose, entre otras tareas, de la gestión y traspaso de datos entre plataformas.

Es coautor del *e-book En Patera y haciendo agua* (primer libro bilingüe en español y lenguaje SMS). Además, colabora con una empresa familiar de infoproductos que vende libros y cursos *online* en Amazon y otras plataformas digitales.